utb 5405

Eine Arbeitsgemeinschaft der Verlage

Böhlau Verlag · Wien · Köln · Weimar
Verlag Barbara Budrich · Opladen · Toronto
facultas · Wien
Wilhelm Fink · Paderborn
Narr Francke Attempto Verlag / expert Verlag · Tübingen
Haupt Verlag · Bern
Verlag Julius Klinkhardt · Bad Heilbrunn
Mohr Siebeck · Tübingen
Ernst Reinhardt Verlag · München
Ferdinand Schöningh · Paderborn
transcript Verlag · Bielefeld
Eugen Ulmer Verlag · Stuttgart
UVK Verlag · München
Vandenhoeck & Ruprecht · Göttingen
Waxmann · Münster · New York
wbv Publikation · Bielefeld

Günther Koch

Survival Guide Referendariat

Praxistipps für den Vorbereitungsdienst

Ferdinand Schöningh

Der Autor:
Dr. Günther Koch bildet als Dozent für Pädagogik und Schulpädagogik am Staatsinstitut München und als Lehrbeauftragter der Ludwig-Maximilians-Universität München angehende Lehrkräfte aus. Darüber hinaus ist er in der Lehrerfortbildung für die Akademie Dillingen und das Pädagogische Institut München tätig.

Umschlagabbildung:
© quickshooting, Adobe Stock #285904799

Online-Angebote oder elektronische Ausgaben sind erhältlich unter **www.utb-shop.de**

Bibliografische Information der Deutschen Nationalbibliothek

Die Deutsche Nationalbibliothek verzeichnet diese Publikation in der Deutschen Nationalbibliografie; detaillierte bibliografische Daten sind im Internet über http://dnb.d-nb.de abrufbar.

Internet: www.schoeningh.de

Printed in Germany.
Herstellung: Brill Deutschland GmbH, Paderborn
Einbandgestaltung: Atelier Reichert, Stuttgart

UTB-Band-Nr: 5405
ISBN 978-3-8252-5405-6

Inhalt

Ein Wort an Dich, liebe Leserin, lieber Leser

> *Wenn ich eine private Frage stellen darf: Wer von Ihnen befindet sich aktuell in einer Beziehung? Sie alle können davon ausgehen, dass weniger als jede zweite Beziehung das Referendariat überlebt.*
>
> Gabriel E. (Seminarleiter für Mittelschullehramt)

Diese taktvolle, motivierende, pädagogisch durchdachte Äußerung wurde nach Auskunft ehemaliger Lehramtsanwärter in ähnlicher Form nicht nur von meinem eigenen Seminarleiter, sondern auch von anderen getätigt. Wenngleich natürlich nicht alle Seminarleiterinnen und Seminarleiter über einen Kamm geschoren werden dürfen und wenngleich hier unter Umständen ein Mythos von einem Referendar zum anderen weitergegeben wird, so zeigt es uns doch zwei Dinge:

1. Der Vorbereitungsdienst wird eine anstrengende, stressige Zeit werden, die Dir alles abverlangt.
2. Nicht alle Seminarleiterinnen und Seminarleiter gehen einfühlsam vor und haben Verständnis für Deine privaten Verpflichtungen und Probleme.

Angesichts solcher Umstände oder Gerüchte wundere ich mich über keinen Studierenden, der zu mir kommt und nachfragt, ob es nicht sinnvoll sei, auf das Referendariat zu verzichten und sich lieber gleich an einer Privatschule zu bewerben. Trotz solcher Umstände oder Gerüchte, versuche ich jeden Studierenden davon zu überzeugen, das Referendariat nicht auszulassen. Dieses ist fester, unverzichtbarer Bestandteil der Ausbildung zur Lehrkraft, denn nur dort ...

- wirst Du von erfahrenen PraktikerInnen beraten, während Du die universitäre Theorie auf die Praxis überträgst,
- steigst Du mit geringem Stundenumfang ein und hast so die Chance, Dich wirklich intensiv auf Deinen Unterricht vorzubereiten,
- führen Dich ältere Lehrkräfte strukturiert in Schulinterna ein, die über den reinen Unterricht hinausgehen,
- bekommst Du im Ausbildungsseminar theoretischen Input, der jedoch deutlich stärker praxisbezogen ist als noch zu Deinen Zeiten an der Uni.

Kurz gesagt ist das Referendariat das Bindeglied zwischen universitärer Theorie und täglicher Unterrichtspraxis. Darüber hinaus – so ehrlich möchte ich sein – gilt: Ohne Ref normalerweise keine Verbeamtung.

Mit diesem Survival Guide verfolge ich drei Ziele: Ich möchte ...

- Dir helfen, die bestmögliche Lehrkraft zu werden, die Du in diesen zwei Jahren werden kannst,
- es Dir ermöglichen, trotz Referendariat Du selbst zu bleiben, den Stress in Grenzen zu halten und (D)ein „gutes" Leben zu führen,
- Dich dabei unterstützen, den Vorbereitungsdienst mit den für Dich bestmöglichen Noten abzuschließen, auf dass einer Festanstellung und/oder Verbeamtung nichts im Weg steht.

Weshalb bilde ich mir ein, Dir gute Ratschläge für den Vorbereitungsdienst geben zu können? Weshalb trauen Verlag und Lektorin mir zu, hier einen sinnvollen Survival Guide zu erstellen? Zum einen bin ich selbst ehemalige Lehrkraft und habe somit das Referendariat erfolgreich absolviert und Erfahrung im Schulalltag gesammelt. Zum anderen bin ich heute in der Lehrer(aus)bildung eingesetzt und habe während der letzten eineinhalb Jahrzehnte Unterricht von wirklich allen Gruppierungen gesehen, teilweise beurteilt und Feedback gegeben:

- Studierenden in der universitären Lehrerausbildung
- Lehramtsstudierenden an einem Staatsinstitut
- Referendaren und Referendarinnen im Vorbereitungsdienst
- Junglehrern, die frisch aus dem Seminar kamen und sich im Schulalltag behaupten mussten,
- erfahrenen Lehrkräften, die interessiert an neuen Impulsen und frischem Wind waren.
- variiert die Bezeichnung, unter der Du geführt wirst, weshalb ich ganz allgemein von ReferendarInnen oder LehramtsanwärterInnen spreche.

Über diese Erfahrungen und Unterrichtsbeobachtungen hinaus gingen Gespräche mit ehemaligen LehramtsanwärterInnen in diesen Ratgeber ein. Kurz gesagt: Bei einem Glas Bier, Wein oder einer Cola habe ich ehemalige Studierende – heute teils gute Freunde – gefragt, welche Informationen sie gerne vor dem Referendariat gehabt hätten, welche Ratschläge sie ihren Nachfolgern und Nachfolgerinnen in den Ausbildungsseminaren geben würden und in welchen Bereichen sie sich von Studium und Vorbereitungsdienst nicht ausreichend informiert fühlten.

Ich habe meine Ausführungen an möglichst vielen Stellen durch Beispiele aus der Schulpraxis und Originalzitate von Lehrkräften verdeutlicht. Lies diese bitte auch dann, wenn es sich dabei um Unterricht in Fächern geht, die Du selbst nicht unterrichtest, oder um Äußerungen von Lehrerinnen und Lehrern anderer Schularten. Ich habe bewusst Beispiele gewählt, aus denen auch andere Lehrkräfte sinnvolle Schlüsse ziehen können, und habe mich für Zitate entschieden, die als Denkanstöße dienen und eben nicht vorgefertigte Lösungen liefern. Auf den Punkt gebracht sehe ich es als meine Aufgabe, Dir das KISS-Prinzip vorzustellen –

dies tue ich anhand einer aus dem Ruder gelaufenen Sportstunde. Deine Aufgabe ist es, dieses Prinzip auf Deine Fächer, Deinen Unterricht und Deine individuelle Situation zu übertragen ;-)

Diese Vorgehensweise solltest Du eigentlich bei der gesamten Lektüre dieses Ratgebers im Hinterkopf haben. Egal ob Zeitmanagement, Unterrichtsmanagement oder Peoplemanagement – es geht nicht darum, Dir zu sagen, was Du zu tun hast, und Dir Vorgaben zu machen, wie Du in bestimmten Situationen handeln musst. Es geht mir darum, Deinen Blick zu schärfen, Dir Möglichkeiten aufzuzeigen und Dir die Chance zu geben, ein Mindset zu entwickeln, mit dem Du das Referendariat erfolgreich be(über-)stehst und Dich zu einer guten Lehrkraft entwickelst. Das war für mich bei der Erstellung dieses Ratgebers besonders wichtig, da Schüler, Einzugsgebiet, Fächerkombination und Deine eigene Person nur die eine Seite sind, die Deine Situation so individuell machen. Die andere Seite ist die Heterogenität und Vielschichtigkeit des deutschen Bildungswesens. So gleicht kaum eine Referendariatsstelle der anderen – behalte dies bei der Lektüre dieses Survival Guides stets im Hinterkopf: Je nach Schulart und Bundesland ...

- dauert Dein Vorbereitungsdienst zwei Jahre – oder in einigen seltenen Fällen 18 Monate,
- bist Du die komplette Zeit an ein und derselben Einsatzschule – oder wechselst im Laufe Deines Referendariats,
- kannst Du Dein Referendariat nur nach den Sommerferien zum Schuljahresbeginn antreten – oder auch zu Beginn des zweiten Halbjahres einsteigen,
- bist Du einer Seminarleitung zugeordnet, die Dich während der zwei Jahre betreut – oder wirst Du von unterschiedlichen Lehrkräften ausgebildet,
- hast Du an Deiner Einsatzschule einen Betreuungslehrer als allgemeinen Ansprechpartner – oder wirst von diesem ganz konkret in unterschiedlichen Dingen unterrichtet,
- steht es Dir frei, die Themen für Deine Lehrproben nach eigenen Erwägungen zu wählen – oder es werden Dir hier enge Vorgaben gemacht.
- variiert die Bezeichnung, unter der Du geführt wirst, weshalb ich ganz allgemein von *ReferendarInnen* oder *LehramtsanwärterInnen* spreche.

Wenn Du Dich hier genauer informieren möchtest, steht Dir natürlich das Internet als Informationsquelle zur Verfügung – hier ist vor allem der sehr informative Artikel *Lehramtsreferendariat* auf Wikipedia zu nennen. Sinnvoller, ergiebiger und zuverlässiger ist es in meinen Augen jedoch, die Informationsveranstaltungen einzelner Lehrerverbände zu besuchen, die sich gezielt an (angehende) Referendare und Referendarinnen wenden. Diese sind erfahrungsgemäß gut durchdacht und sehr informativ – ob Du Dich tatsächlich als Mitglied werben lässt, ist natürlich dennoch Deine Sache. Wo und wann diese stattfinden, kannst Du eigentlich nicht übersehen, da diese regelmäßig durch Aushänge an den schwarzen Brettern der Hochschulen Werbung dafür machen.

Der perfekte Start ins Referendariat

Letzte Tage in Freiheit – Die Vorbereitung

Der lang ersehnte Brief ist endlich da und Du hast Einsatzort und Einsatzschule erfahren – vermutlich sogar früher als einen Tag vor Schulbeginn. Derartige Horrorszenarien werden zwar von Lehramtsanwärter zu Lehramtsanwärter weitergegeben, stellen erfahrungsgemäß jedoch die Ausnahme dar. Tatsächlich ist auch den Kultusministerien und Schulämtern daran gelegen, Dir das Leben nicht unnötig schwer zu machen.

Nun ist es an Dir, die Zeit bis zum Start des Schuljahres sinnvoll zu nutzen.

Kontaktaufnahme Schule

Deine erste Handlung, nachdem Du Deine Einsatzschule erfahren hast, sollte ein Anruf bei dieser sein. Manchmal wissen die Schulleitung noch gar nicht, wer Ihnen zuwiesen wurde und sind dankbar, Deine Fächerkombination zu erfahren und zu wissen, dass Du ReferendarIn bist. Außerdem kannst Du so um einen Termin bitten, bei dem Du Dich der Schulleitung vorstellst. Dies gebietet der Anstand und ist wichtig für einen guten Start:

> *Der Herr Gruber hat sich gleich böse ins Abseits geschossen. Er ist bei der Lehrerkonferenz am Anfang des Schuljahres zum ersten Mal an seiner Schule aufgetaucht. Seitdem hat seine Rektorin ihn auf dem Kieker.*
>
> Megan D. (LAAIn)

Außerdem erfährst Du bei diesem Termin weitere wichtige Details über Deinen Einsatz und die Schule, die Dir bei Deiner Vorbereitung helfen. So vermeidest Du es, bei Schulstart mit Deinem nagelneuen Kreidehalter vor dem Smartboard zu stehen oder extra für das Ref ein Android-Tablet anzuschaffen, während Du ausschließlich in iPad-Klassen eingesetzt wirst.

Wohnungssuche

Unter Umständen erfordert Dein Einsatzort den Wechsel des Wohnsitzes – hier solltest Du genau bedenken, dass der Vorbereitungsdienst eine sehr stressige Zeit ist. Willst Du dann wirklich Tag für Tag Zeit verlieren, indem Du pendelst? Andererseits: Willst Du Dich in dieser Zeit wirklich in einem neuen Umfeld eingewöhnen? Möchtest Du Deine bisherige Wohnung aufgeben oder kannst Du es Dir aus welchen Gründen auch immer leisten, beide Wohnungen zu unterhalten?

Solltest Du Dich für einen Umzug entscheiden, drängt die Zeit: An vielen Orten konkurrierst Du mit Studienanfängern um WG-Zimmer und Wohnungen. Für viele Vermieter wirst Du als Mieter nicht die erste Wahl sein, da Dein Referendariat spätestens in zwei Jahren endet und er sich um einen Nachfolger kümmern muss. Dabei gibt es viel zu beachten (Liste auch als Zusatzmaterial unter www.utb-shop.de/9783825254056):

- Mietvertrag kündigen
- ggf. Nachmieter suchen
- Versorgungswerke informieren – Termin zum Ablesen der endgültigen Zählerstände vereinbaren bei alter Wohnung
- Energieversorger für neue Wohnung suchen/informieren
- Anlageformen für Mietkaution prüfen
- Entrümpeln und Kartons packen
- Transporter mieten
- Umzugshelfer organisieren
- Verträge und Abos kündigen, stilllegen oder ummelden (Telefon, Internet, Kabel, Fitnessstudio etc.)
- alte Wohnung gegebenenfalls streichen
- Nachsendeauftrag einrichten
- Halteverbotszone für die Umzugsfahrzeuge anmelden
- Wohnsitz bei Behörden, Banken und Versicherungen ummelden
- neue Wohnung einrichten
- Freunde und Verwandte informieren
- Informationen über neue Stadt/Gegend sammeln
- Werkzeug (für Möbelaufbau und sonstiges) organisieren

Versicherungen

Krankenversicherung

Natürlich musst Du auch im Referendariat krankenversichert sein – allerdings beginnt hier für viele schon die Qual der Wahl. Denn wenn Du als Lehramtsanwärter Beamter auf Widerruf bist, erhältst Du die gleiche staatliche Beihilfe wie Beamte auf Lebenszeit und Dein Arbeitgeber übernimmt für Dich 50 Prozent oder mehr der anfallenden Kosten.

Da die gesetzlichen Krankenkassen dies nicht berücksichtigen und keine speziellen Tarife für Lehramtsanwärter anbieten, ist es meist sinnvoll, schon jetzt Mitglied in einer privaten Krankenversicherung zu werden. Dort kannst Du auch nach dem Referendariat bleiben. Dann wird lediglich Dein Anwärtertarif in einen teureren, regulären Beihilfetarif umgewandelt. Vergleiche deshalb nicht nur den Anwärtertarif, sondern auch die regulären Tarife miteinander. Erkundige Dich bei den Versicherungen, die für Dich in Frage kommen, gegebenenfalls auch nach Überbrückungsmöglichkeiten zwischen Ende des Vorbereitungsdienstes und Beginn des Schuldienstes.

An dieser Stelle will ich Dir definitiv keine konkreteren und weiterführenden Ratschläge erteilen. Das wäre nicht seriös. Deshalb der Hinweis:

Tipp

Hole unbedingt Angebote von verschiedenen Versicherungen ein. Sicherlich findest Du im Internet auch ein kostenfreies, neutrales Vergleichsportal.

Diensthaftpflicht- und Schlüsselversicherung

Einen der größten Panikanfälle (nicht nur) bei ReferendarInnen löst erfahrungsgemäß die Suche nach dem verlegten Schulschlüssel aus. Auch wenn dieser in der Regel wieder auftaucht, solltest Du kein Risiko eingehen und eine Schlüsselversicherung abschließen. Der Verlust eines Generalschlüssels kann zum Austausch der gesamten Schließanlage und somit schnell zu vier- oder fünfstelligen Kosten führen.

Die meisten Versicherungen bieten Schlüsselversicherungen in Verbindung mit einer Diensthaftplichtversicherung an. Diese deckt auch Schäden, die Du bei Ausübung Deines Jobs unter Umständen grob fahrlässig begangen hast. Eine eigene Diensthaftpflicht für Lehrerinnen und Lehrer abzuschließen, ist erfahrungsgemäß der unüblichere Weg für viele Lehramtsanwärter. In der Regel erweitern diese ihre private Haftpflicht oder werden Mitglied in einem Lehrerverband oder einer Gewerkschaft, wodurch sie in den meisten Fällen automatisch versichert sind.

Aber ich doch nicht – Dienstunfähigkeitsversicherung

Natürlich bist Du jung, gesund und voller Tatendrang! Trotzdem ist es sinnvoll, über den Fall der Fälle nachzudenken. Eine Krankheit oder ein Unfall kann schnell dafür sorgen, dass Du Deinen Dienst nicht mehr ausüben kannst. Dann wirst Du aus diesem entlassen, gesetzlich nachversichert und stehst vor dem Scherbenhaufen Deiner Berufslaufbahn. Die Mindestversorgung Deines Arbeitgebers greift zu diesem Zeitpunkt oft noch nicht!

Die passende Dienstunfähigkeitsversicherung zu finden ist insofern besonders schwierig, als Versicherer hier ganz genau hinschauen und Deinen Gesundheitszustand überprüfen werden. Bleib aber auch bei Ablehnungen hartnäckig – schon vielen Lehramtsanwärtern ging es wie Dir. Akzeptiere bitte auch nicht die erste Versicherung, die Dich akzeptiert. Gerade bei Dienstunfähigkeitsversicherungen variieren Kosten und Leistungen besonders stark und oft steckt der Teufel im Detail. Hier kann es sich wirklich lohnen, ExpertInnen zu Rate zu ziehen.

Aber heute doch noch nicht – Altersvorsorge

Natürlich bist Du nicht nur jung, gesund und voller Tatendrang, sondern hast auch noch fast Dein ganzes Arbeitsleben vor Dir. Trotzdem solltest Du Dir heute schon Gedanken über Deinen Ruhestand machen. Wenn Du nach dem Referendariat verbeamtet wirst, zählen die beiden Jahre ganz normal als ruhegehaltfähige Dienstzeit. Wenn Du nicht verbeamtet wirst, zahlt Dein Dienstherr nachträglich und automatisch Beiträge an die gesetzliche Rentenversicherung.

Im Falle einer Verbeamtung bist Du pensionsberechtigt und hast den Vorteil, dass Pensionen in der Regel höher ausfallen als Renten. Du bist in einem solchen Fall also schon recht gut abgesichert. Dennoch solltest Du in beiden Fällen zusätzlich privat vorsorgen.

Am besten ist es, wenn Du Dich in die – leider vielen viel zu trockene – Materie *Finanzen* einliest, um fundierte, eigene Entscheidungen treffen zu können. Im Folgenden einige Stichworte, zu denen Du Dich informieren solltest:

- Auch als Referendar hast Du Anspruch auf vermögenswirksame Leistungen. Dabei zahlt Dir Dein Arbeitgeber monatlich zusätzlich ein paar Euro, wenn Du diese und einen eigenen Mindestbetrag in speziellen Sparmodellen anlegst. Erkundige Dich hier genau, denn „Kleinvieh macht auch Mist"!
- Die Riester-Rente ist auch fast 20 Jahre nach ihrer Einführung für viele ein Buch mit sieben Siegeln. Auch hier musst Du mit einem Teil Deines eigenen Einkommens in speziellen Anlagemöglichkeiten für das Alter vorsorgen, um in den Genuss unterschiedlicher Fördermöglichkeiten zu kommen.
- Besonderer Beliebtheit erfreuen sich ETF-Sparpläne. Mit solchen investierst Du in börsengehandelte Investmentfond. Langfristig und mit Beharrlichkeit lässt sich hier bis zu Deiner Pensionierung ein schönes finanzielles Polster aufbauen.
- Girokonto, Tages- und Festgeld erfreuen sich in Zeiten der Null- und Minuszinsen verständlicherweise geringer Beliebtheit. Dennoch solltest Du gerade in Deiner Situation einen gewissen Mindestbetrag verfügbar haben, um ...
  - auch in dem Fall, dass Dein Auto den Geist aufgibt, zu Schule und Seminar zu kommen,
  - bei einer Versetzung nach dem Referendariat eine Wohnung anmieten zu können,
  - weitere unvorhergesehene Ausgaben tätigen zu können.

Einkaufsliste

Nun aber zu den schönen Dingen – Du darfst (fast) hemmungslos shoppen gehen, Im Idealfall jedoch vermeidest Du es, voller Vorfreude (oder aber Panik) in einen Kaufrausch zu verfallen und wirklich jeden Schnickschnack nach Hause zu schleppen, der als unentbehrlich für Referendare oder Lehrer beworben wird.

Verlagshäuser und Schreibwarenanbieter kennen die Zielgruppe *Lehrer* ganz genau und wissen, dass viele bereit sind, tief in die (eigene) Tasche zu greifen, um sozusagen für die Ausübung ihres Berufs auch noch zahlen zu dürfen.

Dennoch ist Vorbereitung die halbe Miete und Du solltest die Zeit vor dem Schulstart nutzen, die Dinge anzuschaffen, die Du wirklich benötigst. So sparst Du Zeit in den sowieso schon hektischen Anfangswochen. Was brauchst Du nun wirklich und unbedingt? Das hängt natürlich von Schulart, Fächern und Deiner Einsatzschule ab. Deshalb:

Folgende Liste (auch als praktischer Download unter www.utb-shop.de/9783825254056) stellt nur eine Empfehlung dar!

Tasche

Jeder kennt sie – die typischen Umhängetaschen aus Leder speziell für Lehrkräfte. Natürlich sehen diese toll aus und sind gerade für den Berufsanfänger häufig ein Zeichen, jetzt tatsächlich im Job angekommen zu sein. Über den oftmals enormen Preis hinaus jedoch haben diese einen ganz großen Nachteil: Es sind eben UMHÄNGEtaschen! Dies bedeutet aber auch, solange Schulen noch immer der Digitalisierung hinterherhinken, wirst Du Dich mit ihnen zu Tode schleppen und über kurz oder lang Deinen Rücken ruinieren:

1 SCHÜLERHEFT IST LEICHT.
25 SCHÜLERHEFTE EINER KLASSE SIND SCHWER.
100 SCHÜLERHEFTE DEINER VIER KLASSEN
ERSETZEN EIN TRAINING IM GYM.

Deutlich besser geeignet, leider aber weniger cool, ist ein Rucksack oder – Achtung: besonders spießig – sogar ein Rollkoffer.

Egal wie wichtig es ist, sich wirklich gründlich auf das Referendariat vorzubereiten, ist es keine schlechte Idee, bei Tasche, Rucksack oder Rollkoffer mit dem zu starten, was Du sowieso schon besitzt. So kannst Du erst einen Überblick bekommen, was Du wirklich benötigst und dann die passende Tasche kaufen. Außerdem steht schon kurz nach Schuljahresbeginn Weihnachten vor der Türe und Deine Eltern sind vielleicht sogar froh, wenn sie Dir eine echte Lehrertasche schenken dürfen ...

Lehrerhandbücher und Schulbücher

Klar, das Schulbuch, mit dem Du unterrichtest, stellt Dir im Normalfall Deine Einsatzschule. Dennoch ist es sinnvoll, sich das eine oder andere weitere Schulbuch zu besorgen. So bekommst Du weitere Anregungen, wie Du Themen angehen kannst und welche Aufgabenformate möglich sind. Außerdem erhältst Du auf diese Weise Differenzierungsmaterialien.

Sowohl bei Schulbüchern als auch bei Lehrerhandbüchern (oder Heften mit Kopiervorlagen) gilt der gesunde Mittelweg: Sinnvoll ist es, zwei oder drei Exemplare zur Hand zu haben. Ohne ein einziges zusätzliches Exemplar fehlen häufig Anregungen, Ideen und Materialien. Aber auch der Weg vieler Lehramtsanwärter, wirklich alles, was greifbar ist, zu kaufen oder durch den Kopierer zu jagen, ist nicht sinnvoll. Zu lange dauert es dann, alles Vorhandene zu sichten und eine Auswahl zu treffen.

Übrigens:

Tipp

Eine gute Idee ist es, in der Schule nach zwei Exemplaren des eingesetzten Schulbuchs zu fragen. So hast Du eines für zuhause und eines für die Schule und musst nicht noch mehr mit Dir herumschleppen.

Außerdem solltest Du Dich direkt an Schulbuchverlage wenden. Diese sind natürlich daran interessiert, ihr Schulbuch inklusive der Zusatzmaterialien in der Lehrerschaft bekanntzumachen. Viele werden Dir ihre Werke kostenlos zusenden.

Notebook/Tablet

Natürlich hast Du im Studium bereits regelmäßig am Computer gearbeitet. Bitte glaube mir jedoch: Im Referendariat wird Dein Computer noch wichtiger für Dich werden. Das heißt aber auch, sollte Dein Rechner schon in die Jahre gekommen sein, sich regelmäßig aufhängen oder sogar abstürzen, ist es jetzt an der Zeit, auf einen neuen umzusteigen. Eine ‚Horde' pubertierender Schüler verzeiht es nicht, wenn Dein Computer sich an der spannendsten Stelle des Videos aufhängt. Auf diese Weise ist schon so mancher Unterrichtseinstieg in die Hose gegangen und so manche Stunde außer Kontrolle geraten.

Auch wenn Du im Vorbereitungsdienst angesichts eines fürstlichen Gehalts von etwa 1000 Euro natürlich auf das Geld achten musst, solltest Du bei Deinem Computer auf ein wirklich funktionstüchtiges Gerät Wert legen.

Am besten ist sogar ein Notebook, da Du es so stets dabeihaben kannst. Anders als noch im Studium wirst Du vermutlich viele unterschiedliche Arbeitsplätze kennen lernen: deinen heimischen Schreibtisch, das leere Klassenzimmer in der Schule, das Lehrerzimmer, die Räume, in denen Euer Studienseminar stattfindet und vielleicht sogar Zugabteile, überfüllte Cafés und Autositze. Deshalb: Achte beim Kauf eines Notebooks auch auf das Gewicht! Sinnvoll kann aber auch die Anschaffung eines Tablets sein, auf dem Du Deinen zuhause vorbereiteten Unterricht in der Schule abrufst.

Außerdem ist es sinnvoll ...

- sich endlich für eine Cloudlösung zu entscheiden, um die eigenen Materialien von überall abrufen zu können,
- sich eine anständige Ordnerstruktur anzugewöhnen, um die eigenen Dokumente schnell zu finden,
- die einzelnen Dateien endlich sorgfältig zu bezeichnen, um schnell auf diese zugreifen zu können.

Lautsprecher

Je nachdem wie Deine Schule ausgestattet ist, ist es sinnvoll, Lautsprecher bzw. eine Soundbox anzuschaffen. Diese lassen sich häufig in der Einstiegsphase des Unterrichts einsetzen oder können genutzt werden, um in einzelnen Unterrichtsphasen (Gruppenarbeiten, praktische Arbeiten) leise Musik abzuspielen. Erlaube mir an dieser Stelle einen Hinweis:

Tipp

Natürlich ist es bei vielen Dingen, die ich hier anführe, eigentlich Aufgabe Deines Arbeitgebers, diese zur Verfügung zu stellen. Nur die wenigsten Angestellten werden Büromaterial und Ähnliches selbst kaufen und mit ins Büro bringen. So ungerecht dies auch ist – Jammern hilft Dir nichts. Gerade im Referendariat bringt es Dich nicht voran, darauf zu bestehen, bestimmte Anschaffungen seien Aufgabe der Schule.

Drucker

Der letzte Hinweis gilt auch und gerade für Drucker. Natürlich bietet Dir eigentlich jede Schule die Möglichkeit, Dokumente auszudrucken. Nur bringt Dir diese theoretische Möglichkeit wenig, wenn der schuleigene Drucker ständig streikt oder im Computerraum steht, dieser aber bis spätnachmittags von Schulklassen belegt ist. Außerdem kann es echt praktisch sein, Unterlagen auch zuhause ausdrucken zu können. Die Anschaffung eines Farbdruckers lohnt sich meiner Erfahrung nach nicht – wichtiger ist ein wirklich zuverlässiger, günstiger Schwarz-weiß-Drucker.

Tipp

Ein eigener Scanner ist in den wenigsten Fällen sinnvoll – setze hier lieber auf Dein Smartphone und Apps wie beispielsweise TapScanner, Scanbot oder Adobe Scan.

Papier

Auch das Papier stellt Dir natürlich die Schule zur Verfügung – zumindest wenn Du dort druckst. Deshalb ist es nicht verkehrt, sich einen Karton mit Druckerpapier in den Schrank zu legen, um so auch zuhause drucken zu können.

Laminiergerät

Natürlich kennst Du all die abgedroschenen Witze über Lehrkräfte und das Laminieren:

> Woran erkennt man den Lehrer im Supermakt –
> am laminierten Einkaufszettel.
>
> Was macht die Grundschullehrerin, wenn sie ein
> Eichhörnchen überfahren hat? Sie laminiert es.

Egal wie primitiv diese auch sein mögen, ein Körnchen Wahrheit steckt schon in ihnen. Viele Lehrerinnen und Lehrer scheinen wirklich geradezu süchtig danach zu sein, möglichst alle Bilder, die an die Tafel gehängt werden sollen, alle Stationskarten, Lösungsblätter und anderes mit einer schützenden Kunststoffschicht zu überziehen. Offiziell sagen die meisten natürlich, dies diene der Nachhaltigkeit und sie könnten ihre Materialien dadurch ein Lehrerleben lang benutzen.

Unter vier Augen jedoch gesteht der eine oder die andere, dass gerade bei Lehramtsanwärtern ein anderer Grund ausschlaggebend ist:

Laminieren kostet Zeit, ist jedoch wenig fordernd. Stundenlang am Laminiergerät gestanden zu haben und stupide Blätter in Hüllen geschoben und in das Gerät eingelegt zu haben, gibt einem das beruhigende Gefühl, wirklich produktiv gewesen zu sein, ohne sich dabei tatsächlich anstrengen zu müssen. Laminieren ist eine der Tätigkeiten, die häufig ausgeführt werden, um Wichtigeres, aber auch Anspruchsvolleres aufzuschieben.

Mein Tipp an Dich:

Tipp

Verzichte aus Prinzip auf das Laminieren! Du sparst Zeit und Geld und die Umwelt freut sich über das eingesparte Plastik. Stattdessen solltest Du Dir ein Paket dickes Papier besorgen – ungefähr 120g/m^2. Darauf gedruckt kannst Du Tafelkarten und Stationsblätter auch mehrfach nutzen und hast sogar die Vorteile, dass diese ordentlicher aussehen als spiegelnde Kunststoffhüllen, in denen das Papier nie ganz gerade eingelegt wurde, und dass diese sich besser in Ordnern aufbewahren lassen, da sie tatsächlich genau im DIN-A4-Format vorhanden sind.

Uhr

In Zeiten des Smartphones tragen die wenigsten jungen Menschen noch klassische Armbanduhren. Dies solltest Du Dir jedoch angewöhnen. Der Blick auf das Smartphone wird als negativer wahrgenommen als der Blick auf die Uhr am Handgelenk. Auch wenn Du nur kurz die Uhrzeit checkst – in der Wahrnehmung

Deines Gegenübers kontrollierst Du gerade Deine eingehenden WhatsApp-Nachrichten und folgst auf Instagram Deinem Lieblingsschauspieler. Im Unterricht oder in der Hospitation ist der Blick aufs Smartphone sowieso ein No-Go.

Für Dein Klassenzimmer solltest Du Dir eine Wanduhr anschaffen, sofern diese nicht zur Standardausstattung der Schule gehört. Beachte: Diese ist für Dich gedacht! Nicht für die Schülerinnen und Schüler. Platziere sie deshalb so, dass Du sie gut sehen kannst. So hast Du die Zeit ständig im Blick und weißt, ob Du im Plan liegst oder Deine Planung anpassen musst.

Kleinkram

Im Folgenden lediglich eine Liste mit Kleinigkeiten, deren Anschaffung je nach Schule und Jahrgangsstufe, vor allem aber nach individuellem Arbeits- und Unterrichtsstil sinnvoll sein kann:

- Ordner
- Trennblätter
- Mappen
- Magneten
- Magnetband
- USB-Stick
- Stifte
- Rotstifte
- Folienstifte (permanent und non permanent)
- Folien
- Flipchartstifte
- Würfel
- Stempel (bspw. Hausaufgabe fehlt/unvollständig/toll gemacht)
- Dokumentenhüllen
- Kalender
- Klangschale o. Ä. als Ruhesignal

Mein Tipp:

Tipp

Als letzte Vorbereitung vor dem Start ins Referendariat nimmst Du Dir einen Abend Zeit und siehst Dir den Film „Club der toten Dichter an“!

Weiterer Tipp:

Tipp

Lade Dir die umfangreiche Checkliste „Letzte Tage in Freiheit – Was Du vor Beginn des Referendariats erledigen solltest“ herunter und nutze sie zur Orientierung: www.utb-shop.de/9783825254056

Erster Tag an der Schule – Antrittskonferenz und Kontakt zu KollegInnen

Natürlich starten die Referendare je nach Schule, Schulart und Bundesland sehr unterschiedlich in ihren Dienst. In der Regel wird der letzte Tag vor Schulbeginn aber sehr stressig für Dich werden: Du wirst unter Umständen vereidigt werden, erhältst Deine Ernennungsurkunde und nimmst an Deiner Einsatzschule an der Anfangskonferenz teil, wobei Du all Deine Kolleginnen und Kollegen kennen lernst.

Vereidigung und Anfangskonferenz

Mach Dich wirklich darauf gefasst, dass dieser Tag Dir alles abverlangen wird: Unter Umständen in einer fremden Stadt von der Vereidigung im Schulamt zur Schule zu hetzen, um dort in die bereits laufende Anfangskonferenz zu platzen, von allen als der oder die Neue beäugt zu werden und sich – noch immer atemlos – gleich vorstellen zu dürfen, ist sicherlich nicht jedermanns Sache, geht aber auch vorbei.

Nutze die Anfangskonferenz in mehrfacher Hinsicht:

- Entspanne Dich und komme geistig erst einmal in „Deiner" Schule an.
- Nimm möglichst viel Informationen auf.
- Präge Dir die Gesichter Deiner Kolleginnen und Kollegen ein, damit Du später, wenn Du sie persönlich kennen lernst, ihre Namen besser behältst.

Zum Teil finden im Anschluss an die Anfangskonferenz noch Fachkonferenzen statt, aber selbst, wenn nicht, hast Du noch einiges zu tun.

Die lieben Kolleginnen und Kollegen

Viele neue Kollegen werden von sich aus auf Dich zukommen und sich vorstellen. Im Idealfall prägst Du Dir ihre Namen sowie die von Ihnen unterrichteten Fächer ein. Am leichtesten fällt Dir das, wenn Du Dir die Namen vorab angeschaut oder eingeprägt hast; beispielsweise auf einer Lehrerliste oder auf der Website der Schule. So hast Du später einerseits ein Gesprächsthema und weißt andererseits wen Du um Rat fragen kannst. Besonders wichtig ist natürlich der Kontakt zu denjenigen, die auch in den von Dir unterrichteten Klassen eingesetzt sind. Außerdem ist es nicht verkehrt, sich speziell mit den KollegInnen auszutauschen, die Deine Fächer in Deinen Jahrgangsstufen unterrichten. Ein Kollege, der seit 20 Jahren Deutsch und Geschichte im Turnus 5.–6.-Klasse unterrichtet, kann auf einen riesigen Erfahrungsschatz zurückblicken. Im Idealfall lässt er Dich daran teilhaben. Außerdem werden Dir in der Regel Betreuungs- und/oder AusbildungslehrerInnen zugewiesen, die Dir mit Rat und Tat zur Seite steht und bei denen Du auch hospitieren wirst.

Organisatorisches

Außerdem gilt es, Dich in der Schule zu organisieren:

- Sofern Du zu den wenigen Glücklichen gehörst, die ein eigenes Zimmer haben, richte es ein!
- Wenn Du – wie viele AnfängerInnen – Deine Unterrichtsstunden im Zimmer der Betreuungslehrkraft hältst, solltest Du Dich mit ihr kurzschließen, ob dort für Deine Unterlagen überhaupt noch Platz ist. Vermutlich wird er oder sie Dich auch über die Klasse selbst aufklären und die Sitzordnung sowie Weiteres mit Dir besprechen. Solltest Du, wie vor allem an Gymnasien und Gesamtschulen üblich, von Klassenzimmer zu Klassenzimmer laufen müssen, existiert sicherlich irgendwo ein Arbeitszimmer oder ein anderer Ort, an dem Du zwischen den Stunden in Ruhe arbeiten und Deine Sachen deponieren kannst.
- Nutze diesen Tag auch, um den Kontakt zum Hausmeister herzustellen. Stell Dich ihm vor und stell Dich gut mit ihm. Er ist es, der die Schlüssel zu wirklich allen Räumen besitzt, die Klassenzimmer bestuhlt, weiß, wo was zu finden ist und netten LehrerInnen gerne bei vielen Dingen unter die Arme greift. Daneben gilt es, im Sekretariat, bei der Schulsozialarbeit und gegebenenfalls beim Schulpsychologen vorstellig zu werden. Hast Du Dich mit diesen Personen bekanntgemacht, fällt später, wenn Du auf deren Kooperation angewiesen bist, die Kontaktaufnahme wesentlich leichter.

Ein Wort noch zu Deinem Stundenplan – dort werden vermutlich Stunden vermerkt sein, ...

- in denen Du selbst unterrichtest,
- in denen Du hospitierst,
- in denen Du lediglich an der Schule präsent sein musst.

Wenn Du Hospitations- und Präsenzstunden flexibel legen kannst, solltest Du dies wohlüberlegt tun. Was viele Lehrkräfte eint ist ihre große Abneigung gegenüber so genannten *Löchern*, unterrichtsfreien Stunden am Vormittag. Für Dich jedoch kann dies die Gelegenheit sein, ungestört den Kopierer zu nutzen, im Lehrerzimmer Unterricht vorzubereiten, Proben zu korrigieren etc., ohne dass Kolleginnen oder Kollegen Dich in gut gemeinte Unterhaltungen verwickeln. Auch kann es gerade für Langschläfer sinnvoll sein, eine frei verfügbare Stunde gleich um 08:00 zu platzieren, um sich so zu zwingen, auch wirklich frühmorgens mit der Arbeit zu beginnen.

Nutze diesen ersten Tag auch, um Dich mit dem Schulgebäude vertraut zu machen. Gerade an großen Gymnasien oder Gesamtschulen ist es sonst gut möglich, dass Du Dich auf dem Weg von einem Klassenzimmer zum anderen heillos verirrst; ziemlich peinlich, als Lehrer oder Lehrerin zu spät zum Unterricht zu erscheinen!

Im Seminar

Von Schulart und Bundesland ist es abhängig, ob Du an Deiner Schule auch schon einige ReferendariatskollegInnen kennen lernst. Sollte dies der Fall sein, gilt es die Balance zu wahren: Einerseits bist Du natürlich froh, andere Neulinge zu treffen und kannst von ReferendarInnen, die in ihrer Ausbildung schon etwas weiter sind, gute Tipps erwarten. Andererseits ist es kontraproduktiv, sich ausschließlich mit diesen abzugeben. Sieh Dich unbedingt als Teil des gesamten Kollegiums.

Der Kontakt zu anderen ReferendarInnen kann Dir insofern helfen, als diese Dich informieren können über ...

- Lehrkräfte an der Schule, die für Lehramtsanwärter und deren Belange ein besonders offenes Ohr haben,
- Fettnäpfchen, die es zu vermeiden gilt,
- Lehrkräfte, bei denen zu hospitieren sich besonders lohnt,
- den Seminarleiter bzw. Deine Ausbildungslehrkräfte (und deren Marotten).

In anderen Fällen wirst Du Deine ReferendariatskollegInnen auch erst im Laufe der ersten Woche im Seminar kennen lernen. Bemühe Dich auch in diesem Fall um Kontakt zu jedem Einzelnen. Vermeide es, Dich an ein oder zwei Personen zu klammern.

Schulgebäude

Auch wenn Dein Schulleiter Dich bei Deinem Vorstellungsbesuch bereits herumgeführt hat, solltest Du Dich nochmal genau umsehen. Wenig ist schlimmer, als von einer Unterrichtsstunde zur anderen hetzen zu müssen und dabei nur im Kreis zu laufen. Am besten suchst Du folgende Räumlichkeiten auf:

- Fachräume, in denen Dein Unterricht stattfindet
- Lehrerzimmer (besonders wichtig: dort übliche Sitzordnung erfragen!)
- Sekretariat
- Medienraum
- Sprechzimmer für Elterngespräche
- Bibliothek
- Mensa, falls vorhanden

Außerdem ist es sinnvoll, sich gleich den Blick auf das Schwarze Brett und in Dein Fach im Lehrerzimmer anzugewöhnen. Dort findest Du die wichtigsten und aktuellsten Informationen wie Vertretungspläne und Ähnliches. Sieh auch auch kurz den Pausenhof an, damit Du Dich bei Deiner ersten Pausenaufsicht sofort orientieren kannst, und informiere Dich über Parkplätze (an) der Schule, wenn Du vorhast, mit dem Auto zu kommen. Folgende Punkte findest Du auch auf einer praktischen Checkliste zum Download unter www.utb-shop.de/9783825254056:

- Informiere Dich, wie der Kopierer funktioniert – an immer mehr Schulen wird dazu ein Passwort benötigt. An manchen steht den Lehrkräften nur ein bestimmtes Kontingent an Kopien zur Verfügung.
- Auch wenn Du bereits einen Schlüssel für die Klassenzimmer in Händen hältst, reicht dies meist noch nicht. Informiere Dich, wo Du die Schlüssel zu Computerraum, Medienraum, Fachräumen etc. findest.
- Wie ist es um die technische Ausstattung der Schule bestellt?
  - WLAN?
  - (funktionstüchtige) Rechner?
  - Beamer in den Zimmern?
  - Smartboards?
  - Rechner für die SchülerInnen in den Klassenzimmern?
  - Verfügbarkeit von PC-Räumen?
- Wie viele Pausenaufsichten oder Aufsichten vor bzw. nach dem Unterricht musst Du übernehmen? Wie trägst Du Dich dafür ein?

Klassenzimmer

Selbstverständlich ist es auch sinnvoll, Dir die Klassenzimmer, in denen Du unterrichtest, genauer anzusehen. Hier reicht es nicht aus, diese im Schulgebäude auf Anhieb zu finden. Vielmehr solltest Du sie unter verschiedenen Gesichtspunkten analysieren:

Sitzordnung

In der Mehrheit der Fälle wirst Du mit den Sitzordnungen Vorlieb nehmen müssen, die die einzelnen Klassenlehrer bevorzugen. Um Dich darauf einstellen zu können, zeige ich Dir die Vor- und Nachteile der verschiedenen Möglichkeiten auf. Wenn Du selbst Einfluss darauf hast, können diese Dir eine zusätzliche Orientierung geben:

- Einzeltische – altbacken, universitär angehaucht und doch so praktisch. Einzeltische geben den Schülerinnen und Schülern einerseits die Ruhe, um konzentriert zu arbeiten und sind andererseits flexibel genug, um sich schnell zu Gruppentischen zusammenstellen zu lassen.

- einzelstehende Doppeltische – praktisch, aber eher unüblich. Die einzeln stehenden Tische, an denen zwei Schüler mit Blickrichtung zu Tafel und Lehrkraft sitzen, scheinen an vielen Schulen der Vergangenheit anzugehören. Dabei sollte diese Sitzordnung eher als klassisch denn als veraltet betrachtet werden. Wenn Du genug Platz im Klassenzimmer hast, solltest Du diese Sitzordnung definitiv ausprobieren.
- Reihen – flexibel, disziplinierend und praktisch. Stehen die Tische in Reihen nebeneinander sind die Blicke aller Schüler nach vorne gerichtet, Du kannst jeden einzelnen Schüler und jede einzelne Schülerin erreichen und diese können problemlos ihre Plätze verlassen. Außerdem lassen sich so Partnerarbeiten, vor allem aber Gruppenarbeiten gut organisieren: Sobald sich zwei Schüler oder Schülerinnen umdrehen, sitzen sie automatisch mit den beiden Hinterleuten an einem Tisch und können loslegen.
- Gruppentische – toll, um Gruppenarbeiten einzuüben und durchzuführen, jedoch auch Lärm und Unruhe fördernd.
- Hufeisen – eine in der Erwachsenenbildung sehr beliebte Sitzordnung. Auch in der Schule kann diese sinnvoll sein, da sie die Kommunikation unter den Lernenden erleichtert. Diskussionen und Unterrichtsgespräche mit reger Schülerbeteiligung kommen so leichter zustande. Auch Meldeketten lassen sich so leicht einüben. Der Nachteil ist jedoch, dass Störaktionen Einzelner hier von allen anderen wahrgenommen werden und die SchülerInnen unter Umständen zum Schwätzen verführt werden.
- Hufeisen mit Innenleben – prinzipiell eine der problematischsten Sitzordnungen. Der Vorteil des Hufeisen wird dadurch zunichte gemacht, dass die Schüler, die im Inneren sitzen, stets im Fokus der außen Sitzenden stehen, deren Blickkontakt untereinander behindern und sich selbst umständlich umdrehen müssen, um in Diskussionen mit anderen einzusteigen.

Unabhängig von der Sitzordnung ist es wichtig, dass Du und auch Deine Schülerinnen und Schüler sich gut im Raum bewegen können. Achte darauf, dass jeder zur Tafel kommen, das Zimmer verlassen oder sich am Freiarbeitsmaterial bedienen kann, ohne dabei über Tische, Stühle und Taschen zu stolpern. Für Dich ist es wichtig, dass Du jeden im Klassenzimmer problemlos erreichst. Nur so kannst Du einzelnen Hilfestellung und Erklärung geben oder einzelne Schüler durch das Herstellen räumlicher Nähe disziplinieren ohne andere Schüler dabei zu stören.

Im Gespräch mit den Klassenlehrern kann die Sitzordnung natürlich noch angepasst werden. Hier können Dir folgende Überlegungen helfen:

- Sitzen unruhige, schwierige Schülerinnen und Schüler hinten, fällt deren Stören unter Umständen weniger auf. Dafür hast Du sie aber auch weniger im Blick und sie werden weniger vom Unterricht mitnehmen. Sitzen sie in den

ersten Reihen, kannst Du sie zwar besser kontrollieren, aber auch die Augen ihrer MitschülerInnen sind genau auf sie gerichtet. Ihre Aktionen stören die anderen stärker.
- Sitzen schwächere und stärkere Schülerinnen und Schüler nebeneinander, können Letztere als Helfer fungieren. Allerdings erschwert dies andere Differenzierungen nach Leistung in Partner- und Gruppenarbeiten organisatorisch.
- Sitzen SchülerInnen, die sich stark am Unterricht beteiligen nebeneinander, kommst Du als Berufsanfänger leicht in Versuchung, Unterricht nur für diese Gruppe zu machen und die ruhigen Schülerinnen und Schüler zu übersehen.

Bewege Dich in den einzelnen Klassenzimmern und suche Dir drei Positionen, an denen Du das Klassenzimmer besonders gut im Blick hast. Zwischen diesen kannst Du im Unterricht bewusst hin und her wechseln.

Ausstattung und Material

Außerdem solltest Du Dir die Position des Lehrerpults anschauen. Steht dieses zentral vor der Klasse, laufen viele ReferendarInnen Gefahr, sich dahinter zu verschanzen. Steht es eher am Rand, hast Du vor der Klasse mehr Bewegungsfreiheit, die Du in lehrerzentrierten Unterrichtsphasen sinnvoll nutzen kannst.

Überlege Dir auch in jedem Klassenzimmer, wo Du Deine Materialien – Tafelmagneten, Wortkarten oder bspw. Deine Unterrichtsplanung – am besten platzierst, um sie jederzeit zu finden und problemlos zu erreichen. Überlege auch, wo Du die Materialien für die Klasse deponierst. Unter Umständen bietet es sich an, mehrere Ablageorte für Arbeitsblätter, Differenzierungs- oder Freiarbeitsmaterialien zu nutzen, um allen SchülerInnen problemlosen Zugang zu ermöglichen und „Staus“ zu verhindern.

Wenn Beamer, Overheadprojektor oder Dokumentenkamera vorhanden sind, gilt es festzustellen, ob diese stets von vornherein sinnvoll platziert sind, oder ob der Beamer erst umständlich auf einen Schülertisch gestellt, der Overheadprojektor ausgerichtet und die Dokumentenkamera auf einem Wagen durch das Zimmer geschoben werden muss. Falls dies der Fall ist, ist Deine Kreativität gefragt – so markieren manche Lehramtsanwärter die ideale Position des Overheadprojektors mit Klebestreifen am Boden.

Erster Schultag – Alles startklar

Organisatorisches

So aufregend die Anfangskonferenz für Dich auch gewesen sein mag, sie war doch nur der Auftakt zu etwas viel Größerem: dem ersten Schultag. Lehrkräfte, SchülerInnen und alle Beteiligten sind zurück aus den Ferien und somit zurück im ganz alltäglichen Wahnsinn. Um diesen Tag zu bestehen, gilt es einiges zu beachten:

- Überlege Dir am besten schon im Vorfeld, was Du anziehen wirst – auch hier bekommst Du in diesem Survival Guide einige wertvolle Hinweise.
- Komme am besten so zeitig in die Schule, dass Du wirklich zu den Ersten im Haus gehörst. Auf diese Weise kannst Du in aller Ruhe ankommen, bevor die Hektik des Schulanfangs anbricht und Hunderte von Menschen durch die Gänge wuseln.
- Achte darauf, im Chaos der ersten Schultage keinen wichtigen Termin zu verpassen – hier finden neben dem Unterricht häufig Fach- und Jahrgangsstufenkonferenzen oder andere Teilkonferenzen statt.
- Auch wenn die Situation am ersten Schultag für Dich natürlich neu und ungewohnt ist – bleibe dennoch Du selbst. Verhalte Dich natürlich und authentisch.

In der Klasse

Natürlich ist es in vielen Situationen sinnvoll, sich in der Klasse an den Regeln und Ritualen des Klassenlehrers zu orientieren. Wenn dieser eine Klangschale nutzt und von drei an rückwärts zählt, um für Ruhe zu sorgen, solltest Du nicht bei fünf das Zählen beginnen. Andererseits müssen Deine Regeln natürlich auch zu Dir passen. Wenn möglich solltest Du die bei Dir geltenden Regeln mit den SchülerInnen besprechen (oder erarbeiten) und für alle gut sichtbar im Klassenzimmer fixieren. Gerade bei Dir als Berufsanfänger wird mancher sicherlich versuchen, sich bei Fehlverhalten damit herauszureden, er habe es nicht gewusst.

Unterricht

Auch wenn gerade in den ersten Stunden viel Organisatorisches zu tun ist, sollten Deine ersten Stunden in den Klassen nicht bloß daraus bestehen, dass Ihr Euch beschnuppert, Du der Klasse einen Überblick über den Stoff Deines Faches gibst und ihnen zeigst, wie jung und cool, streng und durchsetzungsstark oder ... Du bist. Plane auf alle Fälle richtigen Unterricht ein!

Sinnvoll kann es sein, den Schülerinnen und Schülern einen Überblick über das kommende Schuljahr zu geben, sie darauf hinzuweisen, welchen Themen Du besondere Aufmerksamkeit widmen wirst und bei welchen Du unter Umständen Unterrichtsgänge, Projekte, Ausflüge oder Ähnliches planst. Denke auch daran, die Interessen Deiner Schülerinnen und Schüler einzubeziehen. Gerade moderne Lehrpläne bieten Dir viel Spielraum, um auf Vorlieben und die Neugierde Deiner Klasse einzugehen.

Am besten stellst Du auch das Vorwissen Deiner Klasse fest. Es ist mehr als kontraproduktiv, erst nach einigen Wochen nach und nach festzustellen, dass die Grundlagen, die Du als selbstverständlich voraussetzt, nicht vorhanden sind. Unter Umständen wurde Dein Vorgänger mit dem Unterrichtsstoff vergangenes Schuljahr nicht fertig, unter Umständen fiel das Fach besonders häufig aus.

Gut geeignet, um das Vorwissen festzustellen, ist ein Quiz, da Schüler und Schülerinnen dabei nicht das Gefühl haben, überprüft zu werden und tatsächlich ehrlich antworten, oder eine gemeinsam mit der Klasse erstellte Mindmap zu Deinem Fach.

Erste Woche – das Chaos lichtet sich

Infos, Infos, Infos

Die erste Woche solltest Du unbedingt nutzen, um Dich über Deine Klassen zu informieren. Nur so kannst Du Dich auf die einzelnen SchülerInnen einstellen und bleibst von vielen Überraschungen verschont. Idealerweise haben die Lehrkräfte, die Deine Klassen im Jahr zuvor unterrichtet haben, Zeit für ein Gespräch. Wahrscheinlicher jedoch ist, dass Du auf die Schülerakten angewiesen bist. Diese finden sich meist im Lehrerzimmer – falls nicht, fragst Du am besten eine Kollegin oder einen Kollegen, wie Du an diese herankommst. Folgende Fragen sollten Dich bei Deiner Informationssuche leiten:

- Wie ist das Klassenklima?
- Wie schwierig ist es, die Klasse zu führen?
- Welche meiner SchülerInnen haben Deutsch als Zweitsprache und somit unter Umständen sprachliche Defizite?
- Wem wurde ADHS oder Legasthenie bescheinigt?
- Wer gilt als schwierig?
- Welche SchülerInnen sind besonders engagiert?
- Welche sind besonders hilfsbereit und sozial? Welche aggressiv?
- Wer ist Außenseiter?
- Wer stört den Unterricht besonders häufig?

Im Seminar ankommen

So stark die Lehrerausbildung und die Seminarorganisation von Bundesland zu Bundesland und von Schulart zu Schulart auch variiert, haben alle Ausbildungen eines gemeinsam: Du wirst nicht länger als Studierender betrachtet, der unter Umständen noch nicht wirklich in der Welt der Erwachsenen angekommen ist. Vielmehr bist Du in den meisten Fällen Beamter auf Widerruf, erhältst (natürlich viel zu niedrige) Bezüge und wirst behandelt, wie ein Erwachsener. Es wird erwartet, dass Du Eigenverantwortung übernimmst und vor allem, dass Du Dich an der Seminararbeit aktiv beteiligst. Anders als in Vorlesungen an der Uni reicht die körperliche Anwesenheit nicht aus. Deshalb solltest Du ...

- pünktlich und zuverlässig erscheinen,
- Dich an Diskussionen und Gesprächen beteiligen,
- Dich mit anderen ReferendarInnen vernetzen und
- auch freiwillige Aufgaben übernehmen.

Außerdem ist es sinnvoll, die ersten Seminartage zu nutzen, um Dich gezielt zu informieren:

- Welche Regeln existieren im Seminar?
- Welche inoffiziellen Regeln existieren (beispielsweise das Mitbringen von Kuchen am Geburtstag)?
- Aus welchen Phasen besteht der Vorbereitungsdienst?
- Welche Termine und Fristen sind Dir vorgegeben?
- Welche Bedeutung haben Unterrichtsbesuche?
- Wie wird die Seminarnote gebildet?

Gerade wenn andere dieses Seminar bereits im zweiten Jahr besuchen, kannst Du von deren Erfahrungen sicherlich profitieren. Suche gezielt das Gespräch mit ihnen.

Erster Monat – Die Klasse im Griff

Gerade die ersten Wochen im Vorbereitungsdienst sind in der Regel so hektisch, dass sie wie im Flug vergehen. Achte darauf, dass folgende Punkte während der ersten Wochen für Dich geklärt oder abgeschlossen sind:

Natürlich wirst Du den Termin für Deine **Lehrprobe** noch nicht in den ersten Wochen erfahren – meist finden diese erst im zweiten Jahr Deines Vorbereitungsdienstes statt und zum anderen sind derartige Termine strenggeheim. Dennoch solltest Du schon jetzt den Blick in die Zukunft wagen und an Deine Lehrproben denken. Erprobe all die Methoden, die Du in Deiner Lehrprobe möglicherweise einsetzen wirst. Achte dabei genau auf Schwachstellen und minimiere diese Stück für Stück.

> *Mir war klar, dass ich in meiner Lehrprobe eine Gruppenarbeit zeigen würde. Deshalb habe ich die Sitzordnung von Anfang an so angelegt, dass meine Schüler sich schnell zu Gruppen zusammenfinden können. Außerdem habe ich mindestens eine Gruppenarbeit pro Woche durchgeführt und mit den Schülern immer wieder besprochen, wie wir uns dabei verhalten. In den beiden Wochen vor der ersten Lehrprobe habe ich meine Schüler zur Übung wieder und wieder in Gruppen zusammensetzen lassen. So lange bis dies wirklich schnell und vor allem leise ging.*
>
> Mareike K.

Plane alle Leistungsnachweise und trage diese je nach Schule im Computer oder im Kalender im Lehrerzimmer ein. Hier gilt an Schulen meist das Prinzip: Wer zu spät kommt, den bestraft das Leben!

Wenn Du Dir zu viel Zeit lässt, sind günstige Termine bereits von Kolleginnen und Kollegen belegt und für Dich bleiben die Brückentage, an denen die Hälfte der Klasse fehlt oder die Woche zwischen Schullandheim und Ferien – nicht wirklich günstig. Denke auch daran, dass Du während Deiner eigenen Abschlussprüfungen nicht unbedingt noch zusätzlichen Stress durch zu korrigierende Schülerarbeiten brauchen kannst.

Langsam, aber sicher solltest Du Dir in Deinen ersten Wochen an der Schule, vor allem aber in Deinen Klassen, bereits einen gewissen Ruf erarbeitet haben. Du solltest der Referendar sein, auf den man sich verlassen kann und der seine Klassen im Griff hat. Dies bedeutet für Dich gerade in der Anfangszeit einen harten Kampf an zwei Fronten:

1. Einerseits musst Du Deine Selbstorganisation und Deine Unterrichtsvorbereitung wirklich im Griff haben, was häufig auch die eine oder andere spätabendliche Sitzung am Computer umfasst. Dort, wo erfahrene KollegInnen es sich erlauben können, ausnahmsweise auch einmal unvorbereitet zum Unterricht zu erscheinen und einfach die nächsten Seiten im Buch durchzuarbeiten, musst Du Dich gezielt vorbereiten. Auch wenn Du bereits massig Erfahrung im Geben von Nachhilfe hast, solltest Du Dich nicht darauf verlassen, schon etwas aus dem Ärmel zu schütteln. Deine Schülerinnen und Schüler werden merken, wenn Du stofflich unsicher bist oder nicht weißt, wie der von Dir geplante Unterricht weitergehen soll. Den Ruf des schlecht vorbereiteten Halbtagesjobbers hast Du sehr schnell. Achte auch darauf, Deine Zusagen einzuhalten. Wenn Du zusicherst, die Hefte bis zur Folgestunde zu korrigieren, dann haben sie bis dahin auch korrigiert zu sein! Selbst wenn dies heute eine Nachtschicht erfordert.

2. Andererseits haben gerade LehramtsanwärterInnen den Ruf des durchsetzungsschwachen „Weicheis“ schnell weg. Schülerinnen und Schüler sind sicherlich nicht böse – aber es sind eben auch nur Kinder und Jugendliche, Menschen eben und keine Engel. Insofern ist es nur natürlich, dass ihr Verhalten vom wünschenswerten Ideal abweichen wird, dass sie über die Stränge schlagen und Dich testen werden. Sei darauf vorbereitet und nimm Derartiges nicht persönlich. Nach Auskunft ehemaliger LehramtsanwärterInnen geben viele Betreuungs- und Ausbildungslehrkräfte, aber auch viele Seminarleiter und Seminarleiterinnen ihren Schützlingen folgenden Ratschlag an die Hand:

> *Bis Weihnachten könnt ihr gar nicht zu streng sein. Danach, wenn ihr die Klasse im Griff habt, könnt ihr die Zügel lockerer lassen.*

In diesem Ratschlag steckt sowohl ein Körnchen Wahrheit als auch ein ganz großes Missverständnis:

- Wahr ist, dass Du eine von Anfang an zu lockere Herangehensweise an eine Klasse, einen zu jugendlichen Umgangston, zu niedrige Leistungsanforderungen und zu starke Großzügigkeit bei Regelverstößen im Nachhinein kaum noch wettmachen kannst. Hast Du erst einmal Deinen Ruf als durchsetzungsschwaches Weichei, mit dem man machen kann, was man will, wird es schwer, diesen loszuwerden und Deine Klassen doch noch in den Griff zu bekommen.
- Andererseits geht es dabei weniger um Strenge als vielmehr um Konsequenz, Präsenz, Sicherheit und Auftreten. Gerade in den ersten Wochen ist es wichtig, während des Unterrichts konstant zu 100 Prozent präsent und konsequent zu sein. Keine Beleidigung der Schüler untereinander darf überhört werden, kein Regelverstoß ungeahndet bleiben. Haben die Schülerinnen und Schüler erst einmal realisiert, dass Du alles mitbekommst und auf alles konsequent reagierst, werden sie Dich als transparent und gerecht erleben.

10 Gebote für einen schlechten Start an der Einsatzschule

Wie Du Dich an Deiner Einsatzschule richtig verhältst, wird besonders deutlich, wenn Du Dir die 10 Gebote für einen schlechten Start vor Augen führst – vermeide diese Fehler und Du startest erfolgreich in Deine neue, spannende Lebensphase:

1 Im Lehrerzimmer setzt Du Dich am besten einfach auf einen freien Platz. Bestehende Sitzordnungen und angestammte Rangordnungen sind Relikte aus längst vergessenen Tagen und müssen nicht beachtet werden.

2 Am besten duzt Du von Beginn an alle Kolleginnen und Kollegen. Schließlich bist Du ja jetzt auch ein richtiger Lehrer und einer von Ihnen. Da wäre es nur spießig, darauf zu warten, dass Dir das Du angeboten wird.

3 Im Lehrerzimmer steht sicherlich eine Kaffeemaschine, die Dich durch den Tag bringen wird und vermutlich sogar ein Kasten mit Getränken. Am besten bedienst Du Dich einfach, denn schließlich gehörst Du jetzt ja dazu.

4 Deinen Kaffee füllst Du natürlich in die nächstbeste, saubere Tasse. Eigentum ist Diebstahl und die KollegInnen sollen sich nicht so haben. Anschließend kannst Du die Tasse einfach stehenlassen. Schließlich gibt es an Schulen ja so etwas wie Reinigungspersonal.

5 An anderer Stelle hast Du gelesen, Du sollst authentisch sein. Das bedeutet aber auch, dass Du die anderen so begrüßt, wie Dir der Schnabel gewachsen ist. Ein lockeres „Hallo“ ins Lehrerzimmer gerufen muss da reichen. Wie

die anderen alle anwesenden Kolleginnen und Kollegen per Handschlag zu begrüßen, wäre „un-authentisch".

6 Du bist Referendar oder Referendarin – hast also deutlich mehr zu tun als alle anderen. Ihr Pech, wenn sie warten müssen, während Du stundenlang den Kopierer in Beschlag nimmst.

7 Deinen SchülerInnen musst Du natürlich sofort zeigen, dass Du nun ein richtiger Lehrer bist. Behandle sie von oben herab und zeigen Ihnen gleich, dass Du über ihnen stehst.

8 Als Lehrkraft stehst Du natürlich nicht nur über Deinen Schülern, sondern auch über den Verwaltungskräften, dem Reinigungspersonal und dem Hausmeister. Zeig ihnen das deutlich!

9 You get what you pay for – Angesichts dieses Sprichworts darf aufgrund Deiner geringen Entlohnung im Referendariat niemand erwarten, dass Du Zusatzaufgaben übernimmst oder vor 8 Uhr in der Schule bist.

10 Im Referendariat zählen Deine Lehrproben und mit Abstrichen die Unterrichtsbesuche Deines Seminarleiters. In den anderen Stunden reicht es, 08/15-Unterricht zu halten.

Zeitmanagement

Gerade für Lehrkräfte ist durchdachtes Zeitmanagement besonders wichtig – zu vielseitig und unterschiedliche sind die Aufgaben, die bei ihrer Tätigkeit anfallen. Da Du als LehramtsanwärterIn zusätzlich zu den Anforderungen von Schülerinnen und Schülern, Eltern und Schulleitung noch denen gerecht werden musst, die Deine Seminarleitung an Dich stellt, ist Zeitmanagement noch wichtiger.

Prioritäten setzen

> *Es begab sich, dass ein Mann genug vom Großstadtleben hatte und die Entscheidung traf, in die Wälder zu ziehen, um sich dort als Holzfäller zu verdingen. Als er in einem Holzfällercamp vorstellig wird, ist der Vorarbeiter beeindruckt von seiner kräftige Statur und erklärt sich bereit, ihn einen Tag probearbeiten zu lassen.*
>
> *Als der ehemalige Großstädter am Ende des darauffolgenden Tages aus dem Wald zurückkehrt, und von 20 gefällten Bäumen berichtet, erhält er sofort eine Festanstellung.*
>
> *Im Laufe der folgenden Tage und Wochen jedoch geht seine Tagesleistung kontinuierlich zurück. Gelingt es ihm am zweiten Tag noch, 18 Bäume zu fällen, so sinkt diese Zahl über 15 auf 12 und auf 10. Auf diese 10 gefällten Bäume folgen 7 und 5 bis er am Ende eines Tages abgekämpft und durchgeschwitzt in das Camp zurückkehrt und stolz davon berichtet, einen ganzen Baum gefällt zu haben.*
>
> *Selbstverständlich wundert sich der Vorarbeiter: Einerseits weiß er genau, dass sein neuer Mitarbeiter die Fähigkeit besitzt, bis zu 20 Bäume täglich zu fällen, andererseits sieht er genau, wie motiviert dieser ist und wie sehr er sich bemüht. Irgendetwas scheint schiefzulaufen. So kündigt er an, den frischgebackenen Holzfäller am Folgetag in den Wald zu begleiten und ihn bei der Arbeit zu beobachten.*
>
> *Dies tut er tatsächlich und bereits beim ersten Sonnenstrahl befinden sich beide Männer tief im Wald. Während der Vorarbeiter sich auf einem Baumstumpf niederlässt, beginnt der Holzfäller, einen Baum zu fällen.*
>
> *Nachdem der Vorarbeiter dem Treiben einige Minuten zugesehen hat, spricht er seinen Mitarbeiter an und fragt, wann dieser zuletzt seine Axt geschliffen habe. „Die Axt schleifen?", fragt der ehemalige Großstädter und während er weiter mit dem stumpfen Werkzeug auf den Baum eindrischt, erklärt er „Dazu habe ich keine Zeit! Ich muss Bäume fällen."*

Diese Geschichte, die Du in dieser oder ähnlicher Form in den meisten Seminaren zum Zeitmanagement hören kannst, trifft Deine Situation im Vorbereitungsdienst sehr gut:

Wenn Du versuchst, all die anfallenden Aufgaben lediglich mit Fleiß zu erledigen, wirst Du scheitern. Dies merken vor allem ReferendarInnen, die sowohl in

Schule als auch in Studium darauf gesetzt haben, die ihnen übertragenen Aufgaben nicht zu hinterfragen, sondern einfach brav zu erledigen.

Ein gutes Zeitmanagement beginnt mit dem durchdachten Setzen von Prioritäten und ermöglicht es Dir, Deine Zeit und Energie zielführend einzusetzen. Auf diese Weise erbringst Du Topleistungen und hast dennoch Zeit für ein Leben neben Schule und Seminar.

ABC-Methode

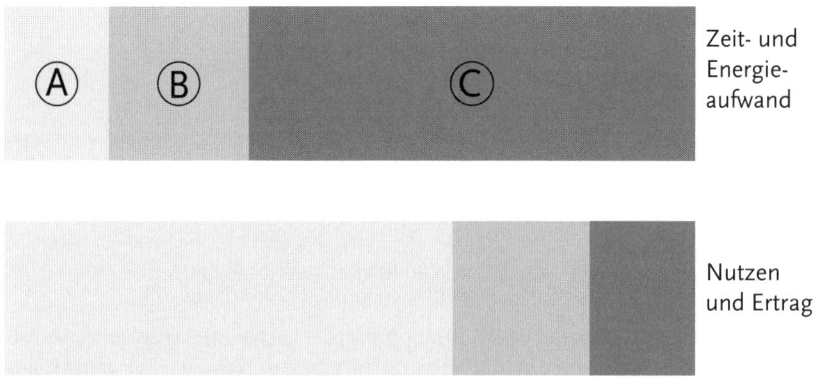

Nicht jede anstehende Aufgabe bietet Dir den gleichen Nutzen. Die ABC-Analyse hilft Dir, Deine Zeit und Energie auf die Aufgaben zu konzentrieren, von denen Du besonders stark profitierst. Wichtig ist, dass Du angesichts der Fülle an Aufgaben im Vorbereitungsdienst den Überblick behältst und ein Gespür für wirklich wichtige Aufgaben und eher Nebensächliches entwickelst. Bei der ABC-Analyse werden Aufgaben in drei Kategorien eingeteilt:

- So genannte A-Aufgaben erfordern wenig Aufwand, versprechen Dir jedoch großen Benefit. Dies kann beispielsweise das fünfminütige Telefonat mit Schülereltern sein, wenn deren Kind infolgedessen zukünftig den Unterricht nicht mehr stört oder der Kauf eines günstigen Laserdruckers, wenn die schlechte Ausstattung Deiner Einsatzschule Dich regelmäßig Zeit und Nerven kostet.
- Als B-Aufgaben werden solche bezeichnet, bei denen Aufwand und Nutzen sich die Waage halten.
- C-Aufgabe hingegen sind besonders aufwändig, bringen aber nur wenig Ertrag. Dies kann beispielsweise die zeitintensive Vorbereitung eines Referates für Dein Studienseminar sein, wenn dies ...
  - nicht benotet wird
  - sich kaum in der Seminarnote niederschlägt
  - der Inhalt für Dich wenig relevant ist

Angesichts dieser Einteilung wird deutlich, wie wichtig es ist, dass Du Dir über Deine Ziele im Klaren bist. Nur wenn diese Dir bewusst sind, kannst Du die Wertigkeit einer Aufgabe richtig einschätzen:

- Wenn es Dein Ziel ist, nach Beendigung des Referendariats an Deiner aktuellen Einsatzschule zu bleiben, wird es Dir wichtig sein, einen positiven Eindruck beim Rektor dieser Schule zu hinterlassen. Von daher kann es zu Deinen A-Aufgaben zählen, Dich am Schulleben zu beteiligen und mit Deiner Klasse einen Beitrag für das Schulfest einzustudieren.
- Wenn Du jedoch darum kämpfst, das Referendariat überhaupt zu bestehen, wirst Du auf dieses zeitaufwändige Engagement eher verzichten, da sich dieses kaum in Deiner Note niederschlagen wird. Stattdessen wirst Du Deine Zeit lieber in die Vorbereitung einer Lehrprobe oder das Lernen für eine Prüfung investieren.

Selbstverständlich konzentrierst Du Dich im Idealfall vor allem auf Deine A-Aufgaben. Hier wird Dein Arbeitseinsatz besonders stark belohnt. Bei C-Aufgaben hingegen solltest Du Dir eine besonders enge Deadline setzen. Überlege Dir im Vorfeld, wie viel Zeit Du in eine derartige Aufgabe investieren willst (oder *kannst*?) und stelle den Timer Deines Smartphones. So stellst Du sicher, dass Du Dich nicht in unwichtigen Dingen verlierst.

Nutze die ABC-Methode auch, um nach und nach ein Gefühl für die Wichtigkeit von Aufgaben zu entwickeln.

Eisenhower

> *Die Eisenhower-Matrix habe ich schon im Studium kennengelernt. Sie hat mir geholfen, den Durchblick zu behalten, selbst wenn Job, Familie und Studium zu viel wurden. Ohne sie hätte ich wohl den Wald vor lauter Bäumen nicht mehr gesehen und viele Aufgaben unerledigt gelassen.*
>
> Sabine K.

Die Eisenhower-Matrix ist – für normale Berufstätige – eine Technik, die sich vor allem für besonders stressige Zeiten eignet. Für Dich also genau die richtige Technik! Denn da ihr Alltag im Vorbereitungsdienst sehr stark von Termindruck und Abgabefristen geprägt ist, verlieren viele ReferendarInnen eine ganz wichtige Tatsache aus den Augen:

Die Wichtigkeit einer Aufgabe
hat nichts mit deren Dringlichkeit zu tun!

Viele Lehramtsanwärter finden sich früher oder später in der Situation wieder, wie der Hamster im Hamsterrad kontinuierlich zu laufen, ohne je das Gefühl zu

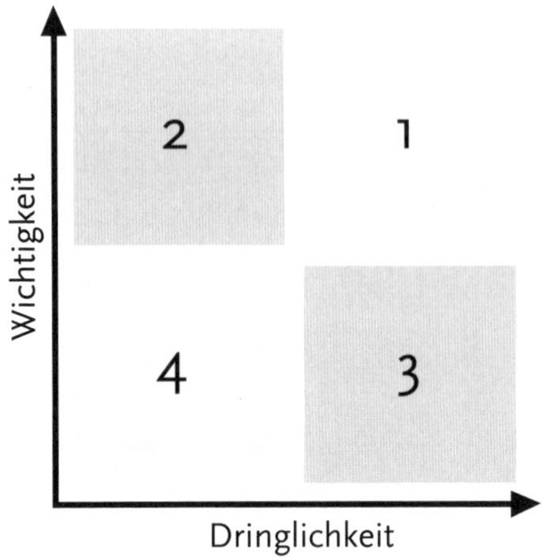

haben, am Ziel anzukommen. Sie erledigen lediglich eine Aufgabe nach der anderen, ohne durchzuschnaufen und deren Wichtigkeit und Sinnhaftigkeit zu hinterfragen. Eine bloße Orientierung an der Dringlichkeit jedoch führt schnell dazu, dass die Wichtigkeit der einzelnen Aufgaben in den Hintergrund tritt und Du Deine Zeit und Energie aufwendest, um unmittelbar anstehende, jedoch wenig wichtige Aufgaben zu erledigen, während die wirklich wichtigen Aufgaben, bis zu deren Deadline noch Zeit ist, aufgeschoben werden, – bis diese auf den letzten Drücker und mit mangelnder Qualität erledigt werden.

Auf diese Weise ist zwar die eher unwichtige Hausaufgabe für den morgen anstehenden Seminartag perfekt erledigt, die viel wichtigere Unterrichtsstunde für den Beratungsbesuch der Seminarleitung in drei Tagen jedoch noch nicht einmal begonnen.

Die Eisenhower-Matrix hilft Dir, Wichtigkeit und Dringlichkeit zu berücksichtigen. Wie die Abbildung zeigt, umfasst die Eisenhower-Matrix vier Quadranten. Eine Arbeitsvorlage der Eisenhower-Matrix findest Du auch als Download unter www.utb-shop.de/9783825254056.

Quadrant 1 – wichtig und dringlich

In diesem Feld sammelst Du alle Aufgaben, die wichtig sind und deren Abgabetermin unmittelbar bevorsteht. Aufgaben, die Du in diesem Feld notierst, müssen mit besonderer Sorgfalt und am besten sofort erledigt werden. Andernfalls hast Du unangenehme Konsequenzen zu tragen. Konzentriere Dich auf diese Aufgaben und erledige sie persönlich und bestmöglich.

Sollte Dir entfallen sein, dass schon in wenigen Tagen eine Lehrprobe ansteht, Dein Partner bzw. Deine Partnerin Geburtstag hat oder eine Probearbeit noch vor dem Elternabend zu korrigieren ist, fällt dies ganz klar in diesen Bereich.

Quadrant 2 – wichtig, jedoch nicht dringlich

Im zweiten Feld notierst Du die Aufgaben, die zwar wichtig, aktuell aber noch nicht dringlich sind. Terminiere diese! Da es sich um wichtige To-dos handelt, solltest Du sie zu einem Zeitpunkt erledigt werden, zu dem Du Dich bestens konzentrieren kannst und nicht abgelenkt wirst. Sorge dafür, dass Du diese Aufgaben abhaken kannst, bevor sie dringlich werden, in Feld 1 wandern und Dich unter Druck setzen.

Quadrant 3 – dringlich, jedoch nicht wichtig

Gerade im Vorbereitungsdienst, wenn alle an Dir ziehen und zerren und wirklich jeder Forderungen an Dich zu stellen scheint, können die Aufgaben im dritten Feld Dich schnell aus dem Konzept bringen. Zwar sammeln sich hier To-dos, die kaum zu Deinem Erfolg beitragen, doch investieren viele Referendarinnen und Referendare viel zu viel Zeit in diese, da sie sich durch eine nahende Deadline unter Druck gesetzt fühlen. Selbstverständlich sollst Du diese Aufgaben nicht unter den Tisch fallen lassen. Führe Dir jedoch vor Augen, wie unwichtig sie sind und dass Du Wichtigeres zu tun hast. Erledige Aufgaben in Feld 3 mit so wenig Zeitaufwand wie möglich und verzichte dabei von vornherein bewusst auf Perfektion.

Konkret kann an dieser Stelle das Kurzreferat genannt werden, das Dein Seminarleiter Dir für die nächste Woche aufs Auge gedrückt hat. Dieses bleibt unbenotet und Du kannst lediglich darauf hoffen, dass er sich in eineinhalb Jahren, bei der Erstellung der Seminarnote, an Deinen penibel und zeitaufwändig vorbereiteten Vortrag erinnert und dies den Ausschlag gibt, wenn er zwischen zwei Notenstufen schwanken sollte. Du hast definitiv Wichtigeres zu tun, als hier massig Zeit zu investieren.

Quadrant 4 – weder wichtig noch dringlich

Für Dinge, die weder wichtig noch dringlich sind, gibt es eigentlich nur eine Lösung: Vergessen! Unter Umstände kehren sie früher oder später nochmals auf Deine To-do-Liste zurück; wenn sie unter veränderten Umständen plötzlich wichtig und/oder dringlich geworden sind.

Planen Schritt für Schritt

Nachdem Du nun Deine konkreten Prioritäten gesetzt hast, geht es im Folgenden um Deine eigentliche Planung. Dabei möchte ich Dich Schritt für Schritt durch eine mögliche Form der Planung führen. Davon profitierst Du in jedem Fall:

- Entweder, Du übernimmst diese Vorgehensweise eins zu eins,
- oder Du lernst dabei grundlegende Prinzipien der Planung kennen und kannst Deinen individuellen Stil (weiter-)entwickeln.

Das brauchst Du:

- Jahresplaner
- Wochenplaner
- To-do-Liste

Ob Du all dies digital führen möchtest oder ganz klassisch Stift und Papier verwendest, macht keinen Unterschied. Wähle die Variante, mit der Du am besten zurechtkommst.

Jahresplaner

Der Jahresplaner ist Dein treuer Weggefährte und das Werkzeug, das Dich konstant begleitet und von Dir nach und nach ergänzt wird. Trage hier feststehende Termine ein, sobald Du diese erfährst. Trage sowohl private als auch berufliche in denselben Planer ein, da Du dann wirklich alles im Blick hast und mögliche Überschneidungen sofort erkennst.

Diesen ersten Schritt erledigen die meisten problemlos und konsequent. Dieser Schritt allein jedoch ist wenig sinnvoll. Was hingegen sinnvoll sein kann, ist sich eine zweite, eine persönliche Deadline zu setzen. Je nach Umfang und Wichtigkeit der zu erledigenden Aufgabe kann diese zwei oder drei Tage vor dem eigentlichen Abgabetermin liegen. So schmeißt selbst eine plötzliche Erkältung, Vertretungsstunden oder unvermittelt auftretende Unlust Dich nicht aus dem Zeitplan.

Bei großen, zeitaufwändigen Aufgaben sind zwei Vorgehensweisen hilfreich:

1. Entweder splittest Du diese Mammutaufgaben in kleine Teilaufgaben auf und vermerkst diese einzeln in Deinem Kalender. So kommen zu dem Termin *Seminararbeit abgeben* beispielsweise die Einträge *Thema finden, Einleitung verfassen, Literatur beschaffen* oder *Korrektur lesen* hinzu.

2. Alternativ kann es auch nützlich sein, einen ganzen Zeitraum zu markieren, in dem Du an einer umfangreichen Aufgabe arbeiten möchtest.

Wochenplan

Auf Basis Deines Jahresplans erstellst Du Deinen persönlichen Wochenplan. Am besten nimmst Du Dir dazu Sonntagabend zehn Minuten Zeit. Investiere hier einige wenige Minuten, um die kommende Woche gezielt anzugehen und vorbereitet zu sein.

1. Zunächst trägst Du all Deine regelmäßigen Fixtermine wie Unterricht, Hospitationen, Seminartage und Elternsprechabende ein und blockst diese Zeiten. Anschließend trägst Du alle weiteren Termine ein, die für Dich persönlich anstehen. In diesem ersten Schritt ist es unnötig, zwischen privaten und beruflichen Terminen zu unterscheiden – einzige Gemeinsamkeit all dieser Termine: Sie sind Dir vorgegeben, Du hast keinen Einfluss darauf. Du markierst auf diese Weise die Zeiträume, über die Du nicht verfügen kannst und erkennst dadurch genau, über wieviel Zeit Du überhaupt frei entscheiden kannst.

2 Anschließend wirfst Du nochmals einen Blick auf Deinen Jahresplan und die in nächster Zeit anstehenden Dinge. Trage in den freien Zeit-Slots Deine Unterrichts- und Seminarvorbereitung ein, Deine Arbeit an der Seminararbeit oder auch das Lernen für anstehende Prüfungen ebenso wie Treffen mit Freunden oder andere Freizeitaktivitäten. Auf diese Weise stellst Du sicher, dass Du trotz des stressigen Vorbereitungsdienstes Erholungsphasen hast und Dich auf schöne Ereignisse freuen kannst, die Dir Kraft geben.

Beginne dabei mit den wichtigsten Aufgaben, eben den Dingen, die besonders viel zu Deinem Erfolg und dem Erreichen Deiner Ziele beitragen. Wähle für diese Dinge Deine ganz persönliche Prime Time – die Zeiten, zu denen Du besonders viel Energie hast und nur selten unterbrochen und gestört wirst. Wenn Du anschließend merkst, dass für einige Aufgaben kaum noch Zeit übrig ist, weißt Du, dass es sich um eher weniger wichtige Aufgaben handelt, für die Du Dir ruhigen Gewissens eine besonders enge Deadline setzen kannst. Am besten orientierst Du Dich bei Deiner Planung an drei Prinzipien, die sich in der Realität jedoch manchmal widersprechen möge:

1 Trage zuerst die Aufgaben ein, die zu einem festgesetzten Zeitpunkt erledigt werden müssen, und dann die Aufgaben, über die Du freier entscheiden kannst.

2 Trage zuerst die wichtigen Aufgaben in den Kalender ein und dann die weniger wichtigen Aufgaben.

3 Trage zuerst die zeitaufwändigen Aufgaben ein und dann die weniger zeitaufwändigen Aufgabe.

To-do-Liste

Die To-do-Liste sollte Dein ständiger Begleiter sein – eigentlich solltest Du sogar zwei To-do-Listen führen:

1 Eine To-do-Liste, auf der Du einfach stichpunktartig all die Dinge festhältst, die Dir in den Kopf kommen – sei es, dass diese in nächster Zeit erledigt werden müssen, sei es, dass diese irgendwann anstehen.

2 Auf Basis dieser Liste stellst Du jeden Abend eine zweite To-do-Liste zusammen – meine Studierenden sind auf die Idee gekommen, sie „Tagesliste“ zu nennen. Darauf finden sich all die Aufgaben, die sich realistisch am kommenden Tag erledigen lassen. Ziel muss es sein, dass diese Liste am Ende des Tages abgearbeitet ist. So kannst Du den Tag mit einem Erfolgserlebnis beenden.

Absolut fokussiert – Pomodoro-Technik praxistauglich

Deine Prime Time platzierest Du gezielt zu Zeiten, zu denen Du nicht oder kaum gestört und unterbrochen wirst. Was jedoch, wenn diese Zeiten rar gesät sind? Wie jedoch sollst Du Dich außerhalb Deiner Prime Time konzentrieren, wenn das Vibrieren des Smartphones ständig eingehende Nachrichten signalisiert, Dein Partner Dir in guter Absicht eine Tasse Tee bringt und der Nachbar vor dem Fenster den Rasen mäht? Hier hilft die Pomodoro-Technik!

Mit Pomodoros zu arbeiten heißt klassischerweise, dass Du Dein Arbeiten in 30-Minuten-Etappen organisierst. Diese Zeiteinheiten sind die sogenannten „Pomodoros". In diesen arbeitest Du 25 Minuten hochkonzentriert, um Dir im Anschluss daran eine fünfminütige Pause zu gönnen. Nach jeder vierten Pomodoro-Einheit steht sogar eine längere Pause an.

Die Idee hinter dieser Technik ist folgende: Bevor Du eine Pomodoro-Einheit startest, triffst Du die bewusste Entscheidung, an welcher Aufgabe Du nun arbeiten wirst. Sobald die Zeit erst einmal läuft, gibt es nichts, was Dich ablenken darf – Dir verbleiben ja nur 25 Minuten, um voranzukommen. Das heißt, das Vibrieren des Smartphones bleibt unbeachtet, die Tasse Tee unberührt und das Brummen des Rasenmähers ungehört. 25 Minuten später ist noch immer Zeit, den Anrufer zurückzurufen, dem Partner für die Tasse Tee zu danken und sich über den Lärm des Nachbarn zu ärgern.

In der Theorie muss diese Originalvariante der Pomodoro-Technik für viele angepasst werden:

- Beobachte Dich selbst und finde die Dauer heraus, die Du tatsächlich mit absolutem Fokus und zu 100 Prozent konzentriert an einer Aufgabe arbeiten kannst. Diese Zeitspanne liegt selbst bei hochmotivierten, engagierten jungen Menschen selten über 40 Minuten.
- Organisiere Dein Arbeiten in entsprechenden Zeiteinheiten. Während dieser Zeit arbeitest Du hochkonzentriert an einer Deiner A-Aufgaben und lässt Dich von nichts ablenken: Führe Dir vor Beginn einer jeden Pomodoro-Einheit vor Augen, dass diese relativ schnell endet und Dir nur wenig Zeit zur Verfügung steht, um bei Deiner Aufgabe voranzukommen. Führe Dir vor Augen, dass Du Dir keinerlei Ablenkungen und Unaufmerksamkeiten leisten kannst.
- Selbstverständlich sollte nicht jede der Pausen im Anschluss an die einzelnen Zeiteinheiten eine tatsächliche Pause sein. So viel Zeit zu verlieren kannst Du Dir als Lehrerin oder Lehrer, vor allem aber gerade jetzt im Vorbereitungsdienst nicht erlauben. Allerdings solltest Du hier Wert auf einen Aktivitätswechsel legen. Das bedeutet: Wenn Deine optimale Konzentrationsspanne bei 30 Minuten liegt und Du in dieser Zeit hochkonzentriert am Bildschirm gearbeitet hast, nutzt Du Deine Pause, um – idealerweise im Stehen oder im Gehen – einen Anruf zu erledigen, eine Tasse Kaffee zu holen oder das Gespräch mit einem Kollegen oder einer Kollegin zu suchen.

- Gerade bei der Arbeit mit Pomodoros bietet es sich an, eine App zu nutzen. Bitte investiere hier keinen Cent – für jedes Betriebssystem finden sich etliche kostenlose Apps, bei denen sowohl die Dauer Deiner Pomodoros als auch Deiner Pausen variabel einstellbar ist als auch die Anzahl der zu erledigenden Pomodoros pro Tag.

Zielsetzung dieser Technik ist es, sich während der Arbeitsphase auch zu wirklich 100 Prozent auf die anstehende Aufgabe zu konzentrieren und sich von nichts ablenken zu lassen. Eine Möglichkeit ist, im Vorfeld einer Woche für jeden Tag zu entscheiden, wie viele Pomodoro-Einheiten realistisch sind.

Tools für große und kleine Aufgaben

Gib Ablenkungen keine Chance – die 30-sec-Rule

Die 30-Sekunden-Regel habe ich unter ihrem englischen Titel als Seminarteilnehmer an einem Workshop zum Zeitmanagement in der wunderschönen US-amerikanischen Hauptstadt Washington DC kennengelernt ... und konnte die Augen gar nicht genug verdrehen, dass jemand tatsächlich Geld dafür nimmt, erwachsenen Menschen diese Selbstverständlichkeit zu erklären.

Die Augen gingen mir einige Monate später auf: Ich verbrachte die Mittagspause während eines Seminars mit den Teilnehmerinnen und Teilnehmern in der Kantine. Als das Gespräch auf die USA kam, erzählte ich von meiner Erfahrung und stellte die 30-sec-Rule in Grundzügen vor. Im Rahmen der Nachbetreuung berichteten viele Teilnehmer, dass sie von der Umsetzung dieser Technik unglaublich stark profitieren. Nachdem ich sie selbst in meinen Alltag integriert habe, muss ich sagen:

ICH LIEBE SIE! UND MÖCHTE SIE NICHT MISSEN!

Mittlerweile ist diese Regel fester Bestandteil meines Lebens und meiner Seminare. Allerdings habe ich sie umgetauft. Bei mir heißt sie:

MOTHER'S LAW – DAS GESETZ MEINER MUTTER

Sie lässt sich in einem Satz zusammenfassen, den Du beliebig variieren darfst:

WIRF DEINE SOCKEN NICHT AUF DEN BODEN, SONDERN IN DIE WÄSCHE.
STELL DEINE TASSE NICHT IN DIE SPÜLE, SONDERN IN DIE SPÜLMASCHINE.

Diese Technik besagt nichts anderes, als dass Du jede Sache, die sich in weniger als 30 Sekunden erledigen lässt, auch sofort erledigst. Dies gilt nicht nur für deinen

Arbeitsplatz in der Schule, nicht nur für den heimischen Schreibtisch oder das Arbeitszimmer, sondern prinzipiell, immer, überall und tatsächlich ausnahmslos.

Wenn Du diese Technik wirklich konsequent durchziehst, wirst Du nie wieder in die Situation kommen, erst das Chaos an Deinem Schreibtisch, in Deiner Wohnung oder Deinem Klassenzimmer beseitigen zu müssen. Sofort mit den wichtigen Dingen loslegen können – das hört sich doch gut an!

Solltest Du von Prokrastination betroffen sein und gerade wichtige Aufgaben gerne vor Dir herschieben, dann funktioniert Mother's Law auch hier. Du hast keine Chance, Dich mit Aufräumorgien abzulenken, da es kaum etwas aufzuräumen gibt. Nicht nur sofort loslegen zu können, sondern auch wirklich sofort loszulegen – das hört sich doch noch besser an!

Zeit für das wirklich Wichtige – die Power Hour für nervige Kleinigkeiten

Allzu häufig berichten LehramtsanwärterInnen davon, dass sie in Ihrer täglichen Arbeit von Kleinigkeiten aufgehalten werden, die zwar nichts wirklich Großartiges zu ihrem Erfolg beitragen, die aber dennoch erledigt werden müssen. Diese Kleinigkeiten, deren Abarbeiten lediglich einige wenige Minuten dauert, sammeln sich im Laufe der Zeit an und verhindern, dass die Aufmerksamkeit zu 100 Prozent auf den besonders wichtigen Aufgaben liegt. Ständig schwirrt im Hinterkopf der Gedanke an die noch unerledigten Kleinigkeiten herum.

Hier schafft die Power Hour Abhilfe. Plane von Anfang an, bereits im Vorfeld einer Woche, ein oder zwei Termine für eine Power Hour ein. Das bedeutet, dass Du zu zwei frei gewählten Zeitpunkten je 60 Minuten ausschließlich für die Erledigung von Kleinigkeiten reservierst. Das heißt, wenn Du all Deine Unterrichtsverpflichtungen, Konferenzen und fixen Termine in den Planer einträgst, blockst Du zweimal 60 Minuten für eine Power Hour. Prinzipiell gibt es hier zwei Ansätze:

1. Du trägst die Power Hour zu den Zeiten an, zu denen Du weniger produktiv bist – die Eule trägt Ihre Power Hour am frühen Morgen ein, wenn sie noch schlaftrunken nicht die Energie hat, sich auf große, wichtige Aufgaben zu konzentrieren. Die Lerche hingegen platziert ihre Power Hour am späten Nachmittag, wenn die Konzentrationskurve bereits absinkt und hocheffizientes Arbeiten verunmöglicht.

2. Ebenso sinnvoll jedoch ist auch Variante 2. Hier platzierst Du Deine Power Hour genau zu Deiner Prime Time und somit genau dann, wenn Du besonders produktiv bist. Hintergrund ist die Absicht, in diesen 60 Minuten besonders effizient zu arbeiten und Höchstleistung zu bringen, damit tatsächlich alle anfallenden Kleinigkeiten von der To-do-Liste getilgt sind und im Nachgang eine Konzentration auf die wesentliche Aufgaben möglich ist.

Darüber hinaus sammelst Du für die Umsetzung einer Power Hour alle anfallenden Kleinigkeiten, deren Erledigung weniger als fünf Minuten dauert, auf einer Art gesonderten To-do-Liste. Auf dieser markierst Du am Vorabend so viele Kleinigkeiten, wie Du in 60 Minuten schaffen kannst. Denn einerseits willst Du die Power Hour nicht zeitlich ausdehnen, da es Dein Ziel ist, in dieser einen Stunde absolut hochkonzentriert und mit maximalem Fokus zu arbeiten. Die Power Hour auszudehnen, hieße, ein Weiterarbeiten mit abgesenkter Konzentration und Produktivität zu akzeptieren. Andererseits soll die Power Hour Dir das gute Gefühl geben, alle geplanten To-dos tatsächlich erfolgreich abgearbeitet zu haben. Dieses Erfolgserlebnis motiviert Dich vor allem dann, wenn Deine Power Hour am frühen Morgen liegt, für die Arbeit des restlichen Tags.

Wie isst man einen Elefanten – die Macht der Serie

Im Englischen ist die Redewendung *How to eat an elephant* deutlich weiter verbreitet als im Deutschen. Dennoch wirst Du die Frage *Wie isst man einen Elefanten?* auch in Deutschland in vielen Seminaren zum Zeitmanagement hören. Die Antwort ist einfach:

STÜCK FÜR STÜCK FÜR STÜCK – SICHERLICH NICHT AUF EINMAL!

Dies solltest Du auch als Vegetarier so handhaben und große Aufgaben in handliche Häppchen zerlegen, die Du nach und nach abarbeiten kannst. Die Korrektur einer umfangreichen Klassenarbeit, die Du in einer Klasse mit 31 Schülerinnen und Schülern geschrieben hast, Deine Seminararbeit oder auch das Lernen umfangreicher Skripte und Handouts als Vorbereitung für eine Abschlussprüfung – hier kommst Du mit Beharrlichkeit und Konsequenz weiter als mit kurzzeitiger Spitzenleistung und durchgearbeiteten Nächten und Korrekturmarathons.

Genau diesen Grundsatz nutzt auch die Macht der Serie, die angeblich auf den US-amerikanischen Comedian Jerry Seinfeld zurückgeht. Dieser ging bei seiner Ankunft in Hollywood mit sich selbst die Vereinbarung ein, ein Jahr lang jeden Tag einen Witz, Gag oder Sketch zu schreiben, auf dass er am Ende dieses Jahres mehr als 350 Gags, Witze oder Sketche hätte, aus denen sich ein tolles Programm zusammenstellen ließe. Zumindest für Jerry Seinfeld hat die Macht der Serie funktioniert – er wurde in den 1980er- und 1990er-Jahren zum erfolgreichsten Comedian Hollywoods. Aber was bedeutet die Macht der Serie für Dich?

Am besten funktioniert diese Serie mit einem Monatskalender – Du brauchst dabei nicht viel Platz für Notizen. Wichtig ist nur, dass Du auf einen Blick alle Tage des Monats sehen kannst und dieser Kalender gut sichtbar in Deiner Wohnung hängt. Nun legst Du fest, an welcher großen Aufgabe Du mit dieser Technik arbeiten möchtest. Formuliere dann Deine Aufgabe für jeden Tag – einige gute Beispiele habe ich Dir im Folgenden notiert:

- 20 Minuten lernen
- Zwei Klausuren korrigieren
- 15 Seiten lesen und zusammenfassen
- 15 Minuten Schülerbeobachtungen überarbeiten
- Zehn Minuten auf den nächsten Seminartag vorbereiten

Um Dich hier nicht auf die falsche Fährte zu locken, sei mir ein Hinweis gestattet: Du sollst natürlich nicht alle fünf Beispiele umsetzen. Die Macht der Serie solltest Du nur bei einer einzigen, besonders umfangreichen und wichtigen Aufgabe einsetzen; und zwar folgendermaßen:

Wenn Du nun an Tag 1 20 Minuten gelernt oder zwei Klausuren korrigiert hast, streichst Du diesen Tag in Deinem Monatskalender aus – am besten mit einem richtig fetten, roten Kreuz. Eigentlich noch keine großartige Geschichte. Genau so gehst Du auch an Tag 2 und an den folgenden Tagen vor.

Die Stärke dieser Technik zeigt sich gerade dann, wenn Du einen Durchhänger oder ein Motivationstief hast, wenn Du Dich normalerweise unter der Bettdecke verkriechen und die Klausuren unkorrigiert lassen würdest. Selbst wenn Du Dich krank fühlst, einen wirklich anstrengenden Schultag hattest oder erst spät von einer Party nach Hause kommst, wird Dein Blick unweigerlich auf Deinen Monatskalender fallen. Und nachdem Du bislang konsequent 15, 20 oder 25 Tage durchgestrichen hast, wirst Du es nicht akzeptieren, heute zu versagen. Einen nicht ausgestrichenen Tag willst Du nicht bis Monatsende vor Augen haben. Unabhängig von Deinem Zustand, Deiner Motivation oder der Uhrzeit wirst Du Dich dennoch hinsetzen und nochmals 20 Minuten Gas geben, 15 Seiten lesen oder Dich auf den nächsten Seminartag vorbereiten.

Meine konkreten Tipps für Dich:

Tipp

- Werde erwachsen ;-) Und wirf Deine getragenen Socken endlich von vornherein in die Wäsche. P.S.: Genau dasselbe würde ich auch bei einem Workshop im Altenheim oder einem Inhouse-Seminar mit den Vorständen eines DAX-Konzerns sagen.
- Plane eine feste Power Hour pro Woche ein, um all die Kleinigkeiten zu erledigen, die sonst liegenbleiben oder Deine Arbeit an großen, wichtigen To-dos unterbrechen würde.
- Entscheide Dich für eine Aufgabe, an der Du mit Beharrlichkeit und der Macht der Serie arbeiten möchtest, besorge Dir einen Monatskalender und übertreibe es nicht mit Deinem Tagespensum.

Selbstmanagement

Dein Lehrer-Ich

Die ideale Lehrkraft

In einem Seminar zum Zeitmanagement sollten sich Studierende unterschiedlicher Studiengänge Gedanken über ihre beruflichen und ihre privaten, ihre kurz- und ihre langfristigen Ziele machen. Unter anderem meldete sich beim Austausch im Plenum ein Lehramtsstudent zu Wort, der sein langfristiges Ziel ausführte:

> *Ich will es anders machen als meine eigenen Lehrer und will für meine Schüler der ideale Lehrer sein.*
>
> (Name leider nicht mehr bekannt)

So beeindruckt die anderen Studierenden von Berufsethos und Motivation waren, aber auch von der Überzeugung, mit der dieses Ziel geäußert wurde, meldeten sich einige kritische Stimmen zu Wort:

- Und wenn die Schüler etwas ganz anderes als *ideal* empfinden als du?
- Wie willst du bei 30 Schülern pro Klasse für jeden der ideale Lehrer sein?
- Vergisst Du dabei nicht Dich selbst?

Und obwohl die meisten kritischen Äußerungen von Studierenden kamen, die nicht Lehramt studierten, hatten sie mir als Seminarleiter in diesem Moment die Worte aus dem Mund genommen. Anders als in der Überschrift suggeriert existiert die ideale Lehrkraft an sich nicht.

Zu unterschiedlich sind Deine Schülerinnen und Schüler, zu unterschiedlich ihre Anforderungen und Bedürfnisse, ihre Stärken und Schwächen; zu unterschiedlich sind die Eltern, SchulleiterInnen und KollegenInnen und ihre Erwartungen, als dass Du es allen recht machen und in den Augen aller die ideale Lehrkraft sein könntest.

Gleiches gilt aber auch für Dich persönlich und Deine Vorstellungen einer idealen Lehrkraft. Du bist mehr als „nur“ Lehrkraft. Über Deinen Beruf hinaus bist Du auch PartnerIn, FreundIn, SportkameradIn, Sohn/Tochter und nimmst viele unterschiedliche Rollen ein. Dich nur darauf zu fixieren, die ideale Lehrkraft zu sein, würde bedeuten andere Rollen zu vernachlässigen.

Dennoch ist es sinnvoll, sich zunächst einmal Gedanken über die Lehrkraft zu machen, die Du sein möchtest. Am besten denkst Du dabei zurück an eigene Schulzeiten. Hoffentlich gab es dort die eine oder andere Lehrkraft, die Du positiv in Erinnerung hast. Bitte nimm Dir die Zeit, all das zu notieren, was Du mit diesen Lehrern und Lehrerinnen verbindest. Notiere dabei zum einen Charaktereigenschaften und zum anderen Verhalten und Handlungen. Sei dabei so konkret wie möglich. „Wertorientiertes Verhalten“ mag in einer Theorievorlesung an der Uni gut klingen, ist an dieser Stelle jedoch zu wenig konkret. Vielleicht hat diese Lehrkraft Dich ja dadurch überzeugt, dass sie Euch gegenüber den Wert *Ehrlichkeit* gelebt hat und beispielsweise Fehler eingestanden hat (beim Zusatzmaterial unter www.utb-shop.de/9783825254056 findest Du für diese Aufgabe ein Arbeitsblatt).

Was soll Deinen Unterricht auszeichnen?	Wie möchtest Du Dich gegenüber Deinen KollegInnen verhalten?
Was soll Deinen Unterricht auszeichnen?	Was sollen die SchülerInnen über Dich sagen, wenn Du nach dem Referendariat die Schule verlassen hast?

Alternativ kannst Du natürlich auch Devil's Advocat spielen. Führe Dir dazu die schrecklichste Lehrkraft vor Augen, die Du je erleben musstest. Welche ihrer Charaktereigenschaften möchtest Du nicht haben? Wo möchtest Du anders handeln als sie?

Diese Übersicht – am besten das ausgedruckte Arbeitsblatt – solltest Du Dir immer wieder vor Augen führen und zur Selbstreflexion nutzen. Frage Dich: Bin ich die Lehrkraft, die ich sein wollte?

Neben Deinen Zielvorstellungen als Lehrkraft solltest Du Dir auch ganz bewusst Deine Stärken und Schwächen vor Augen führen, auf dass Du ...

- die mit Deinen Stärken verbundenen Chancen bewusst nutzt und
- die mit Deinen Schwächen verbundenen Risiken bewusst minimierst.

Aber auch, damit Du ...

- nicht die Augen davor verschließt, dass mit Deinen Stärken auch Risiken verbunden sein können und
- in Schwächen unter Umständen sogar Chancen verborgen liegen.

Führe deshalb doch gleich einmal eine Analyse durch, die eher aus dem Bereich der Wirtschaft und Unternehmensberatung bekannt ist. Nutze dazu am besten das online verfügbare Dokument SWOT-Analyse (www.utb-shop.de/9783825254056). In die folgende Matrix habe ich für Dich eine Beschreibung des jeweiligen Feldes und mögliche Beispiele notiert.

Stärken	Schwächen
Stärken sind Merkmale, die Dich auszeichnen und Dir helfen, ein guter Lehramtsanwärter zu sein. Sozusagen Deine Alleinstellungsmerkmale, die Dich von anderen ReferendarInnen unterscheiden. Viele stellen ihr Licht zu stark unter den Scheffel und nehmen ihre Stärken als etwas ganz Normales hin.	Schwächen hingegen sind Hindernisse und Barrieren auf Deinem Weg zum erfolgreichen Bestehen des Vorbereitungsdienstes, die in Deiner Person, Deiner Biographie, Deinem Leben an sich liegen. Du musst Dich Deiner Schwächen nicht schämen, denn diese zeichnen uns Menschen aus – niemand ist frei von Schwächen.

Mach Dir Deine Stärken und Schwächen ganz gezielt bewusst. Dabei kann Dir folgende Liste helfen.

- Kompetenzen
- Interessen
- Ausbildung und Wissen
- Charakterzüge
- Persönlichkeitsmerkmale
- Körperliche Merkmale
- Ressourcen
- Netzwerke und Verbindungen

Selbstverständlich solltest Du Deine Stärken ausbauen und ganz gezielt einsetzen, an Deinen Schwächen jedoch arbeiten und gezielt Situationen meiden, in denen diese zum Tragen kommen. Sowohl aus Deinen Stärken als auch aus Deinen Schwächen ergeben sich Risiken und Chancen; dazu einige Beispiele:

1 Eine besonders junge Lehrkraft sieht die Chance, näher bei den SchülerInnen zu sein, ihre Sprache zu sprechen, leichter eine positive Beziehung zu diesen aufbauen zu können. Allerdings sollte sie sich auch bewusst sein, dass sie unter Umständen von SchülerInnen und Eltern nicht ernst genommen wird und unter Umständen zu wenig Distanz wahren kann.

2 Ein besonders großer, muskulöser Lehrer ist sich der Tatsache bewusst, dass seine Erscheinung pubertierenden Schülern Respekt einflösst und er vermutlich weniger mit Disziplinproblemen zu kämpfen hat als ein Hänfling. Allerdings darf er nicht vergessen, dass seine äußere Erscheinung für die Klassen schon nach wenigen Wochen eine Selbstverständlichkeit geworden ist und Schwächen und Inkonsequenzen seine Autorität nachhaltig untergraben werden, wenn diese sich nur auf seine Muskelkraft stützt.

Notiere deshalb im Download-Dokument zu jeder Stärke und Schwäche jeweils fünf sich daraus ergebende Chancen und fünf Risiken.

Ein konkretes Beispiel einer Lehrerin, die ihre große Stärke ganz gezielt in der Lehrprobe einsetzte, ist Veronika G., Leadsängerin einer Band, die regelmäßig auf Festivals spielte und deren Höhepunkt ein Auftritt als Vorband von Metallica war. Für dieses professionell ausgeübte Hobby hatte Veronika seit Jahren Kurse und Einzeltrainings zu Stimmbildung und Gesang absolviert. Am Ende ihres Referendariats für das Hauptschullehramt stand die Lehrprobe in ihrem Unterrichtsfach (Hauptfach) Deutsch an.

Nach den Erfahrungen im Referendariat war es für sie klar, der Prüfungskommission eine Unterrichtsstunde zu einem Gedicht zu zeigen und dieses den Schülern und somit der Prüfungskommission auswendig vorzutragen.

Natürlich gelang ihr dies besser, als es nahezu jedem anderen Lehrer hätte gelingen können. Ihre Stimme füllte den Raum, die Prüferinnen und Prüfer waren beeindruckt und die Schülerinnen und Schüler konnten es kaum erwarten, selbst Gedichte auszuwählen, in Kleingruppen vorzutragen, Feedback zu geben und sich gegenseitig zu verbessern. Pubertierende Siebtklässler, die freiwillig Gedichte auswählen! Begeistert an ihrem Vortrag feilen! Dass die Prüfungskommission begeistert war und die Note *sehr gut* vergab, muss wohl nicht extra erwähnt werden.

Andererseits konnte ich auch ausreichend Beispiele beobachten, in denen eine Lehrkraft im vollen Bewusstsein der eigenen Schwächen Unterricht so gestaltet, dass diese nicht ins Gewicht fallen:

- Eine wirklich grausige Tafelanschrift wurde dadurch umgangen, dass das Tafelbild durch die in Gruppenarbeiten entstandenen Plakate der Schülerinnen und Schüler entstand. So musste die Lehrkraft lediglich die Überschrift sowie den abschließenden Merksatz anschreiben und einige Pfeile mit Magneten anheften.
- Eine (leider tatsächlich sehr) schwache Lehrerpersönlichkeit und eine dünne Stimme traten in den Hintergrund, da besonderes Augenmerk auf der Selbsttätigkeit der Schülerinnen und Schüler und deren Präsentationen lag.
- Eine Lehrkraft, deren Prüfungsstunde ausgerechnet über eine Arbeitstechnik gehen sollte, die nicht zu ihren Stärken zählte, verzichtete auf eine Lehrerdemonstration. Mit den Worten: „Wir wollen ja arbeiten wie die Profis" setzte sie auf einen Videoausschnitt, der einen den SchülerInnen bekannten Fernsehkoch bei der zu vermittelnden Arbeitstechnik, dem Filetieren von Fisch, zeigte.

Wenig sinnvoll, aber bereits vorgekommen sind die folgenden Maßnahmen:

- Ein wenig durchsetzungsstarker Lehrer präsentierte der Prüfungskommission eine um vier Problemschüler geschrumpfte Klasse.
- Eine didaktisch unsichere Lehrerin informierte die Klasse vorab über zentrale Inhalte der Stunde, da sie nicht glaubte, diese im Unterricht vermitteln zu können.
- Eine Lehrkraft fragte zu Beginn der Stunde genau den Schüler aus, der eine Stunde zuvor abgefragt worden war und bravourös eine Eins erzielt hatte. Die Hoffnung, er könne erneut glänzen und die Kommission beeindrucken, zerschlug sich (wie eigentlich zu erwarten). – Im sicheren Glauben, bestimmt nicht schon wieder abgefragt zu werden, hatte er sich den Lernstoff überhaupt nicht angesehen.

Verantwortung

Zu Deiner neuen Rolle als LehrerIn gehört auch, dass Du nun für viele Dinge verantwortlich bist. Es ist an Dir, den Schülerinnen und Schülern Lernen zu ermöglichen und dabei Hindernisse aus dem Weg zu räumen.

Enthält das von Dir im Unterricht eingesetzte Arbeitsblatt Fehler, kannst Du dies wie beobachtet den Eltern gegenüber nicht auf Verlag und Kopiervorlage schieben. Es ist an Dir, dies vorab zu erkennen und auf den Einsatz zu verzichten.

Scheitert Dein Unterrichtseinstieg mit einem passenden Youtubevideo, da die Internetverbindung nicht stabil ist, kannst Du den schwachen Stundenstart nicht auf Schulausstattung und Internetprovider schieben. Du wolltest das Video einsetzen. Also ist es an Dir, dies sicherzustellen und Internetprobleme einzukalkulieren. Du hättest es vorab auf Deiner Festplatte speichern oder einen Hotspot mittels Smartphone einrichten müssen.

Nimm diese neue Rolle an und nutze sie, um Dich persönlich weiter zu entwickeln und zu wachsen. Umso mehr Verantwortung Du in der Schule übernimmst, desto stärker wirst Du Dich auch als Mensch weiterentwickeln und Verantwortung in anderen Lebensbereichen übernehmen.

Hospitationen

Viele Lehramtsanwärter unterschätzen die Bedeutung der kollegialen Hospitation. In den meisten Bundesländern ist es üblich, dass Dir eine gewisse Anzahl von Stunden vorgeschrieben wird, in denen Du den Unterricht von KollegInnen beobachtest. Dies ist definitiv sinnvoll!

Natürlich verstehen Deine Kolleginnen und Kollegen, dass Du im Vorbereitungsdienst viel zu tun hast, und drücken ein Auge zu, wenn Du eine Hospitationsstunde ausfallen lässt oder während dieser Hefte korrigierst. Geht es Dir aber darum, Deine Lehrerpersönlichkeit zu entwickeln und Deinen Unterricht zu verbessern, solltest Du darauf verzichten. Wenn Du wirklich willst, kannst Du aus jeder beobachteten Unterrichtsstunde etwas mitnehmen.

- Überlege Dir, was Du am Unterrichtenden gut findest, aber auch wo Du dessen Schwächen siehst.
- Beobachte, was am Unterricht gut läuft und weshalb dies gut läuft. Hier kann Dir auch das Dokument im Zusatzmaterialbereich unter www.utb-shop.de/9783825254056 helfen, das eigentlich für die Reflexion Deines eigenen Unterrichts gedacht ist.
- Beobachte aber auch, was Du als problematisch ansiehst und wie eine mögliche Alternative aussehen könnte.

Nimm die Hospitation ernst, auf dass Du Gutes übernimmst, Fehler vermeidest und Deinen Blick auf Unterricht schärfst.

Auftreten

Kleiderwahl

So schön es auch ist, vorurteilsfrei auf Leute zuzugehen und diese nicht nach ihrem Äußeren zu beurteilen, gilt noch immer der Spruch: Kleider machen Leute. Dies gilt auch und vor allem für Dich als Lehramtsanwärter. Deine Studienzeit liegt hinter Dir und Du startest nun in die Berufswelt, in der natürlich ein Dresscode existiert. Dieser variiert von Schule zu Schule.

Bitte interpretiere das aber nicht so, dass Du Dich für jeden Schultag aufs Neue verkleidest! Natürlich sollst Du die Person bleiben, die Du tatsächlich bist. Nur im Rahmen Deiner persönlichen Wohlfühlzone solltest Du bewusst entscheiden, welches Outfit Du für die Schule auswählst.

- Wenn Du als Punk in der Regel in löchrigen Jeans und mit grellen T-Shirts mit provokanten Sprüchen unterwegs bist, tut es für die Schule vielleicht auch die eine Hose ohne Löcher und ein einfarbiges T-Shirt ohne Aufdruck.
- Wenn Du privat ausschließlich Jogginghosen und Kapuzensshirts trägst, finden sich im Kleiderschrank vielleicht doch noch eine Jeans und ein kariertes Hemd.
- In Deiner Freizeit stehst Du auf knallenge Jeans, kurze Miniröcke und Netzstrumpfhosen? Vielleicht darf in der Schule der Rock etwas länger sein und die Strumpfhose blickdicht?

Wichtig ist, dass Du einerseits Du selbst bleibst, und andererseits durch Deine Kleidung Professionalität und Ernsthaftigkeit signalisierst. Deine Schülerinnen und Schüler sollen Dich ernst nehmen.

Wenn Du erst richtig in der Schule angekommen bist, KollegInnen und Schüler Dich zu schätzen wissen und Du niemandem mehr etwas beweisen musst, dann kannst Du, wenn es denn unbedingt sein muss, wieder zu löchrigen Jeans und Co. greifen – auf der Suche nach einem Beispiel kannst Du im Internet gerne nach dem Punk und Schulleiter Matthias Isecke-Vogelsang suchen.

Körpersprache

Noch bevor Du den Mund aufgemacht hast, werden Deine Schülerinnen und Schüler sich ein Bild von Dir gemacht haben. Dies hängt nicht nur von Deiner Kleidung und Deinem Aussehen ab, sondern wird ganz stark durch Deine Körpersprache bestimmt. Aber auch wenn sie Dich bereits kennen, wird ihr Verhalten in hohem Maße durch Deine Mimik, Gestik und Körperhaltung beeinflusst. Außerhalb der Schule, in der freien Wirtschaft werden beispielsweise MitarbeiterInnen im Sales-Bereich ganz gezielt geschult, ihr Gegenüber mittels bewusst eingesetzter Körpersprache zu manipulieren. Natürlich kann dies nicht unser Ziel sein. Dennoch ist es für Lehrerinnen und Lehrer wichtig, ihre Körpersprache gezielt einzusetzen und weiterzuentwickeln.

Absolut grundlegend ist, dass Deine Körpersprache nicht im Gegensatz zu Deinen Worten steht. In einer Englischstunde konnte ich beobachten, wie ein Praktikant – männlich, groß, kräftig und etwas älter als die meisten anderen Studierenden – einen störenden Schüler nach mehrmaligen Verfehlungen zur Ordnung mahnte. Dies tat er angemessen laut, mit klaren Worten und in strengem Tonfall. Leider jedoch auch mit einem deutlichen Lächeln auf den Lippen. Dass eine derartige Ansprache nicht fruchtet, wird niemanden verwundern.

Über diesen sehr allgemein Rat hinaus lassen sich jedoch kaum klare Verhaltensvorgaben machen. Schließlich sollst Du ja authentisch vor der Klasse stehen. Allerdings ist es sinnvoll, Dir vier Dinge bewusstzumachen:

1 In der Regel solltest Du vor der Klasse einen festen Stand einnehmen, der Souveränität und Präsenz signalisiert. Dabei stehen Deine Füße hüftbreit nebeneinander fest auf dem Boden. Deine Körperhaltung ist aufrecht.

2 Finde für Deine Arme und Hände eine Position, mit der Du Dich wohlfühlst. Tendenziell ...

- werden verschränkte Arme als ablehnend,
- in den Hosentaschen steckende Hände als unhöflich,
- hinter dem Rücken versteckte Arme als unsicher und
- gefaltete Hände als belehrend empfunden.

3 Wie eigentlich bei jedem Vortrag oder auch wie in jedem Gespräch unterstreichst Du auch als Lehrer Deine Worte mit passender Gestik. Achte aber darauf, dass Du vor der Klasse weder zur Salzsäule erstarrst noch vor lauter Aufregung mit Deinen Händen hektisch herumfuchtelst.

4 Bemühe Dich um einen freundlichen, offenen Gesichtsausdruck, behalte den ganzen Klassenraum im Blick und baue immer wieder Blickkontakt zu den einzelnen Schülern und Schülerinnen auf.

Unter www.utb-shop.de/9783825254056 findest Du eine Checkliste, mit der Du Dir Deine Körpersprache und Sprache bewusst machen und diese weiterentwickeln kannst. Sie ist auch geeignet, um Dich von einer anderen Person beim Unterrichten beobachten zu lassen.

Praxistipp:

Tipp

Wenn Du in diesem Bereich Verbesserungsbedarf erkennst, sind Workshops zu Schauspiel und Improvisationstheater häufig sogar hilfreicher als spezielle Kurse zu Körpersprache und nonverbaler Kommunikation. Sicherlich bietet Deine städtische Volkshochschule hier einiges.

Stimme

Ein zentrales Handwerkszeug der Lehrkraft ist ihre Stimme. Dass es wichtig für Dich ist, sich dieser bewusst zu widmen, hat drei Gründe:

1. Mit Deiner Stimme erklärst, motivierst, begeisterst, ermahnst, ... Du.
2. Dein Sprachverhalten ist Vorbild für Deine Schüler und Schülerinnen. Gerade jüngere Kinder und Schüler mit Migrationshintergrund neigen dazu, sprachliche Fehler und Eigenheiten zu übernehmen.
3. Jede zweite Lehrkraft leidet im Laufe ihres Berufslebens an Stimmproblemen.

Angesichts dieser Bedeutung müsste man eigentlich davon ausgehen, dass Stimmbildung und Sprechtraining einen großen Anteil in der Ausbildung von Lehrern ausmacht. Leider ist dies nicht der Fall. Im Studium scheint sich keine Fakultät zuständig zu fühlen und auch in der zweiten Lehrerbildungsphase bleibt dafür nur wenig Zeit. Deshalb ist es an Dir, Deine Stimme gezielt einzusetzen, weiterzuentwickeln und eventuelle Defizite auszubügeln. Wie andere Dich verstehen und Deine Stimme wahrnehmen, hängt von sieben Faktoren ab:

1. Sprechtempo
2. Stimmlage
3. Lautstärke und Lautstärkevariation
4. Betonung
5. Pausensetzung und Füllwörter
6. Deutlichkeit
7. Dialekt und weitere Eigenheiten

Am besten fragst Du Deine Freunde und Verwandte und bittest sie, ganz bewusst auf Dein Sprechen zu achten. Sicherlich bekommst Du hier bereits wertvolle Rückmeldung („Du sprichst sehr schnell." „Du neigst dazu, die Endungen zu verschlucken und zu nuscheln."). Aber auch in der Schule selbst kannst Du Deine Betreuungslehrkraft oder Seminarleiter und Seminarkollegen bei einem Unterrichtsbesuch bitten, ganz bewusst auf Dein Sprechen zu achten.

Aufgrund der vielfältigen Aspekte, die Deine Stimme ausmachen, an dieser Stelle nur einige allgemeine Hinweise:

- Sprich lebendig! Die wichtigsten Komponenten dazu sind:
  - Wechsel im Tempo
  - Wechsel in der Tonhöhe
  - Wechsel in der Lautstärke
  - Emotionen in der Stimme

  - deutliche Betonung
  - klare Artikulation
- Arbeite ganz gezielt mit Pausen. Damit förderst Du die Aufmerksamkeit Deiner Klasse, gibst den Schülerinnen und Schülern die Zeit, das Gehörte zu verarbeiten und vermeidest Monotonie. Sprechpausen sind für den Anfänger oft nur schwer auszuhalten. Zwinge Dich deshalb dabei, innerlich „21, 22, 23" zu zählen.
- Auch Füllwörter wie „ähm", „eigentlich" und „irgendwie" oder Abschwächungen wie „ein bisschen" (Nein, weder in einem Referat noch im Unterricht willst Du Deinen Zuhörern ‚ein bisschen' was erzählen!) kannst Du durch Pausen ersetzen.
- Sprich mit Doppelpunkt! Das klingt seltsam? Vergleiche einfach, wie die folgenden beiden Sätze für Dich klingen:

  „Heute setzen wir uns mit der Wiedervereinigung Deutschlands und damit mit einem der wichtigsten Ereignisse der jüngeren Vergangenheit auseinander."

  „Heute setzen wir uns mit einem der wichtigsten Ereignisse der jüngeren Vergangenheit auseinander: Der Wiedervereinigung Deutschlands."

  Bei dieser Technik setzt Du die zentrale Aussage an das Ende des Satzes – den Doppelpunkt sprichst Du natürlich nicht mit, sondern ersetzt ihn durch eine lange Pause.

Außerdem solltest Du auf die Gesundheit Deiner Stimme achtgeben, indem Du ...

- Räuspern, Flüstern oder Schreien vermeidest
- viel trinkst – auch in der Schule, auch während des Unterrichts
- beim Sprechen aufrecht stehst
- deutlich und bewusst artikulierst
- Deine Stimmlippen mit Salbeibonbons feucht hältst
- Alkohol und Rauchen vermeidest
- bei Bedarf lauwarmen Wasserdampf mit Salbeiblättern oder Emser Salz inhalierst,
- Deine Stimme vor dem Sprechen aufwärmst – beispielsweise durch entspanntes Singen während der Fahrt zur Schule
- nonverbale Signale und Rituale einsetzt
- die Klasse im Griff hast und Unruhe unterbindest ...

...und außerdem Deinen Unterricht so gestaltest, dass Deine Schülerinnen und Schüler ausreichend Sprechanteile haben und Du Deine Stimme nicht konstant benutzen musst.

Arbeitshaltung

Pareto

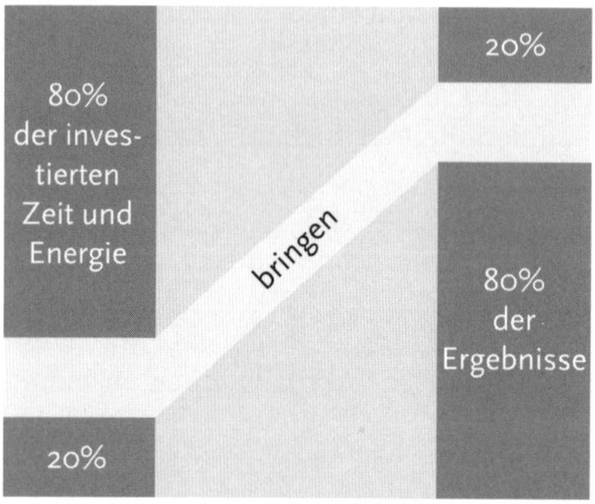

Du willst alles ganz genau machen? Stets und bei jeder Aufgabe das bestmögliche Ergebnis erzielen? Perfektionismus ist seit jeher Dein steter Begleiter? Herzlichen Glückwunsch! Dein Zimmer im auf Burnout spezialisierten Sanatorium ist bereits reserviert!

Das Pareto-Prinzip schafft Abhilfe und hilft Dir, bei den einzelnen Aufgaben ein Ende zu finden und realistische Qualitätsansprüche an Dich zu stellen. Unter Umständen kennst Du dieses Prinzip auch als 80/20-Regel. Vergiss dabei jedoch jegliche Prozentangabe; es geht nicht um präzise Werte, sondern um das zugrundeliegende Prinzip, um Deine Einstellung. Das Pareto-Prinzip besagt, dass sich bei den meisten To-dos bereits mit wenig Aufwand ein gutes bis sehr gutes Ergebnis erzielen lässt. Um jedoch zu einem (vermeintlich) perfekten Ergebnis zu kommen, bedarf es unheimlich großer zusätzlicher Bemühungen.

Übertragen auf die Schule besagt die Pareto-Regel nichts anderes, als dass bereits kleiner Aufwand – in Deinem Fall Zeit und Energie – großen Nutzen bringen kann. Wenn Du jedoch nach (tatsächlich unerreichbarem) Perfektionismus strebst, wirst Du ein Vielfaches mehr investieren müssen, jedoch nur geringe zusätzliche Erfolge erzielen. Ein typisches Beispiel, an dem dies deutlich wird, ist die Gestaltung von Arbeitsblättern und PowerPoint-Präsentationen: Hier durchforsten manche Lehramtsanwärter in der Tat stundenlang das Internet auf der Suche nach passenden Bildern. Jedes einigermaßen brauchbare wird in einem neuen Tab geöffnet, auf dass am Ende des Tages (häufig auch der Nacht) alle miteinander verglichen werden und das perfekte Bild ausgewählt werden kann.

Die Frage ist, ob sich diese Zeit nicht besser investieren ließe. Ist das Bild, auf das Du in den ersten fünf Minuten stößt, wirklich so viel schlechter als das, welches Du nach zwei Stunden endlich auswählst? Weißt Du mit Deiner Zeit wirklich nichts Besseres anzufangen?

Ziel des Pareto-Prinzips ist es nicht, sich mit schlechten Leistungen zufriedenzugeben und auf der faulen Haut zu liegen. Es geht lediglich darum, auf sowieso nicht erreichbare Perfektion zu verzichten und die dadurch eingesparte Zeit in andere, wichtige Aufgaben zu investieren. Statt weiter nach dem perfekten Bild zu suchen, täten manche ReferendarInnen gut daran …

- sich auf den nächsten Seminartag vorzubereiten,
- nochmals die Sachanalyse zu studieren,
- sich Schülernamen einzuprägen oder
- ganz einfach früher schlafen zu gehen.

Aus der Perfektionismusfalle auszubrechen ist wie bei so vielen Gewohnheiten leichter gesagt als getan. Grundlegend ist eine Veränderung der Perspektive. Hohe Standards an sich selbst anzulegen, ist natürlich nichts Negatives. Dies kann motivieren und die Qualität der eigenen Arbeit sicherstellen. Hohe Standards werden nur dann zum Problem, wenn sie in unrealistischen Zielen resultieren und zu Zwang und Druck führen.

Strebe daher weiterhin nach exzellenten Leistungen, nicht jedoch nach perfekten. Stelle bei allem, was Du tust, die folgenden Fragen:

- Lässt sich diese Aufgabe überhaupt perfekt erledigen oder wird bei jeglichem Ergebnis Raum für Verbesserungen sein?
- Inwiefern profitieren ich oder andere davon, wenn ich ein Maximum an Zeit und Energie investiere, um diese Aufgabe bestmöglich zu erledigen?
- Bringt mich der daraus gezogene Nutzen meinen Zielen tatsächlich entscheidend näher oder sind Zeit und Energie hier eher wenig effizient eingesetzt?
- Ist der zu erwartende Nutzen den Kampf und die Anstrengung wert?
- Welche Konsequenzen drohen, wenn ich mich bei dieser Aufgabe mit einem sehr guten Ergebnis zufriedengebe und nicht nach Perfektion strebe?

Pareto-Tipp für Perfektionisten:

Tipp

Ein kleiner Tipp an dieser Stelle für denjenigen, der noch nicht zu 100 Prozent überzeugt ist und sich noch nicht darauf einlassen will, den Perfektionismus völlig abzulegen: Erprobe dies zunächst an einer eher weniger wichtigen Aufgabe. Dabei riskierst Du nicht allzu viel, kannst Dich aber „gefahrlos“ vom Nutzen der hier aufgezeigten Vorgehensweise überzeugen. Wenn Du damit zufrieden bist, kannst Du Dich nach und nach zu wichtigeren Aufgaben vortasten.

Typische Beispiele für Einsatzgebiete dieses Prinzips sind die folgenden:

- Natürlich kannst Du in der Unterrichtsvorbereitung tonnenweise Material auf der Suche nach der perfekten Idee sichten – oder Dich mit Deinem eigenen und zwei weiteren Schulbüchern (20 Prozent) zufriedengeben. Die gewonnene Zeit verwendest Du bspw. für die konkrete Unterrichtsplanung.
- Natürlich lässt sich jedes Arbeitsblatt wieder und wieder bis spät in die Nacht überarbeiten – oder Du akzeptierst ein gutes Ergebnis und verzichtest auf das

perfekte Arbeitsblatt. Vielleicht hast Du so die Chance, Dir Reaktionen auf die frechen Bemerkungen eines Problemschülers zu überlegen, oder einfach einmal auszuschlafen.

Prokrastination im Griff

Aufschieberitis, oder etwas professioneller formuliert, Prokrastination, rückt zunehmend in den Mittelpunkt wissenschaftlicher Untersuchungen und Akademiker und Akademikerinnen scheinen davon betroffen. Wissenschaftlichen Studien zufolge sind es etwa 50 Prozent, die regelmäßig dadurch in Schwierigkeiten geraten, dass sie Aufgaben so lange wie möglich vor sich herschieben. Wenn auch Du das Gefühl kennst, Aufgaben so lange vor Dir herzuschieben, bis es nun wirklich gar nicht mehr anders geht, dann solltest Du die folgenden Ausführungen ganz genau lesen.

Denn während vieles in Deinem Studium noch funktioniert hat, obwohl Du es lange vor Dir hergeschoben hast, ist dies im Referendariat anders:

- Hat ein netter Professor den Abgabetermin für Deine Seminararbeit freundlicherweise nochmals verschoben? Dein Seminarleiter wird in der Regel nicht so großzügig sein, sondern – berechtigterweise – auf die Einhaltung von Terminen bestehen. Dies gehört zu den Pflichten einer Lehrkaft.
- Haben Deine Mitstudierenden während Deines langweiligen, schlechten und in einer einzigen Nachtschicht vorbereiteten Referats gegähnt? Deine SchülerInnen werden nicht nur gähnen, sondern stören, quatschen, streiten, ... wenn Du schlecht vorbereitet zum Unterricht erscheinst! Vor allem aber werden sie nichts lernen!

Deshalb ist es spätestens jetzt im Vorbereitungsdienst an Dir, die Dinge anzupacken und Deiner Prokrastination auf den Pelz zu rücken! Folgende zehn Tipps und Tricks haben sich bewährt. Bestimmt profitierst auch Du davon:

1 Operationalisiere Deine Ziele und splitte die Aufgaben!
Unterteile Deine Aufgabe in Teilaufgaben und arbeite so auf schnell erreichbare Teilziele hin. Achte darauf, dass diese eindeutig formuliert sind und Du klar erkennst, wann eines erreicht ist.

2 Nutze das Perpetuum Mobile des Erfolgs!
Schöpfe Motivation aus dem Erreichen eines kleinen Teilziels auf dem Weg zur Erreichung Deines Endergebnisses.

3 Selbstdisziplin, Selbstdisziplin, Selbstdisziplin!
Übertrage die Disziplin, die Du beim Sport oder in anderen Lebensbereichen hast, auf Deine Arbeit!

4 Ersetze alte, negative Gewohnheiten durch neue, positive!
So seltsam dies klingt: Lege Deinen Fokus nicht darauf, nicht mehr aufzuschieben, sondern darauf, Dinge frühzeitig zu erledigen.

5 Visualisiere Deine Erfolge!
Hast Du eine große zu bewältigende Aufgabe in kleinere Teilaufgaben unterteilt, dann fixiere diese schriftlich und hake jeden erledigten Teilschritt ab. So hast Du deutlich vor Augen, wie Du Dich Deinem Endziel annäherst.

6 Such Dir Vorbilder!
Beobachte andere Menschen in Deiner Umgebung, die ein vorbildliches Arbeitsverhalten zeigen. Was kannst Du von diesen übernehmen?

7 Schlafe ausreichend!
Ausreichend Schlaf gibt Dir die Energie, die Du benötigst, um Höchstleistung zu erbringen. Geh auch im Referendariat sorgsam mit Deinen Ressourcen um und gönne Dir gerade in dieser anstrengenden Lebensphase genug Schlaf.

8 Zeitmanagement!
Überprüfe Dein persönliches Zeitmanagement – Dieser Ratgeber hilft Dir dabei.

9 Gönn Dir Ruhepausen!
Plane pro Tag wenigstens einige Minuten ein, an denen Du bewusst nichts tust. Schalte Computer und Mobiltelefon ab und gönne Dir für einen kurzen Augenblick Ruhe.

10 Belohne Dich!
Hast Du ein Teilziel erreicht, dann belohne Dich ganz bewusst!

Unabhängig von all diesen allgemeingültigen Ratschlägen solltest Du Dir vor allem den folgenden zu Herzen nehmen. Er wird Dir in diesem Ratgeber noch häufiger begegnen:

Tipp

Deine Studienzeit ist nun vorbei – allerspätestens jetzt ist es an der Zeit, im Ernst des Lebens anzukommen und Verantwortung zu übernehmen. Führe Dir jeden Tag vor Augen, dass 20, 30 oder mehr Schülerinnen und Schüler darauf angewiesen sind, dass Du Deinen Job richtig machst und Du die Verantwortung übernimmst, die der Beruf des Lehrers und der Lehrerin mit sich bringt.

Energiekurve und Prime Time

Natürlich kennst Du schon aus dem Studium Zeiten, zu denen Du die Arbeit mit links erledigst und solche, in denen Du nur sehr langsam vorankommst. Die meisten nehmen dies zur Kenntnis, die wenigsten fragen nach den Gründen dafür. Im Vorbereitungsdienst aber ist es jetzt endgültig an der Zeit, alle Register zu ziehen, um Dein Aufgabenpensum zügig und produktiv abarbeiten zu können. Es gilt nicht nur, mit der eigenen Energie hauszuhalten, sondern diese auch ganz gezielt einzusetzen.

Chronobiologen, die sich mit der innren Uhr des Menschen auseinandersetzen, unterscheiden zwischen Eulen und Lerchen.

- Lerchen sind frühmorgens in Höchstform, doch im Laufe des Tages sinkt ihre Produktivität deutlich ab.
- Eulen hingegen fühlen sich morgens kraftlos, doch steigt ihre Energie im Laufe des Tages an, so dass sie nachmittags oder abends zu Höchstleistungen fähig sind.

Diese Erkenntnis kannst Du Dir zu Nutze machen, indem Du Dich selbst beobachtest und die Zeit identifizierst, zu der Du besonders viel Energie hast und besonders produktiv bist.

Aber Achtung! Deine Produktivität hängt nicht allein von der Tageszeit und Deinem Chronotypus ab. Auch äußere Faktoren beeinflussen, wie schnell Du mit Deiner Arbeit vorankommst. Allen voran sind sämtliche Störungen zu nennen. Wenn alle zwei Minuten Dein Smartphone läutet, Deine Eltern in der Türe stehen oder Dein Partner Dir eine Tasse Tee bringt, kannst Du Dich sicherlich nicht auf Unterrichtsvorbereitung und Co. konzentrieren. Deshalb solltest Du neben den Zeiten, zu denen Du besonders viel Energie hast, auch die Zeiten identifizieren, zu denen Du weitgehend störungsarm arbeiten kannst. Hier findest Du auch ein hilfreiches Dokument im Downloadbereich unter www.utb-shop.de/9783825254056.

Wenn Du nun die Zeiten, zu denen Du viel Energie hast, mit denen kombinierst, zu denen Du ungestört arbeiten kannst, hast Du Deine persönliche Prime Time identifiziert. Diese solltest Du für die Arbeit an besonders wichtigen und komplizierten Aufgaben reservieren.

Wunderwaffe Fokussierung

Zeitdiebe und Zeitfallen

Glücklicherweise sind die Zeiten vorbei, zu denen Multitasking als Geheimwaffe und besondere Begabung außerordentlich produktiver Menschen galt. Mittlerweile haben Psychologen bewiesen, dass Multitasking nicht funktioniert, wenn dabei zwei Tätigkeiten ausgeführt werden, die bewusst erfolgen. Deshalb solltest Du Dich immer auf eine Sache konzentrieren – alles andere kann warten.

Was jedoch, wenn Dein konzentriertes Arbeiten wieder und wieder unterbrochen wird? Auf den ersten Blick ist dies eigentlich keine große Sache:

Wenn ein kurzer Anruf Deiner besten Freundin Deine Vorbereitung auf eine Prüfung unterbricht oder ein kurzer Blick auf Instagram Deine Aufmerksamkeit vom Abfassen eines Elternbriefs ablenkt, musst Du im Anschluss daran eben nur entsprechend länger arbeiten.

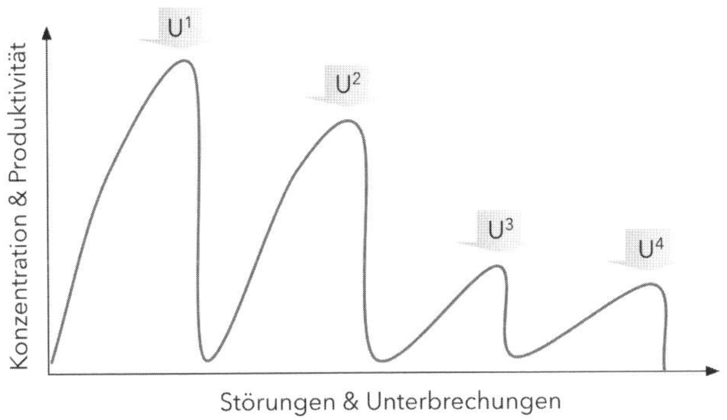

Dass dies so leider nicht ganz korrekt ist, zeigt Dir der hier dargestellte Saw-Blade-Effect. Sobald Du Dich hochmotiviert an den Schreibtisch setzt und mit einer Aufgabe beginnst, benötigst Du noch einige Momente, bis Du tatsächlich mit maximaler Konzentration und maximaler Produktivität arbeitest. Du musst Dich zunächst noch in die Aufgabe einfinden, musst Deine Gedanken auf diese Tätigkeit fokussieren und andere belastende Dinge für den Moment hinter Dir lassen. Wenn Du dann mit maximaler Konzentration über dem Prüfungsstoff brütest, geht ein Anruf Deiner besten Freundin ein (U1). Da Du weißt, dass Du eigentlich arbeiten wolltest, hältst Du das Gespräch kurz. Schon nach weniger als zwei Minuten sitzt Du erneut an Deiner Prüfungsvorbereitung. In der Zwischenzeit jedoch ist Deine Konzentration abgesunken und Du arbeitest mit verminderter Produktivität weiter. Aber dies ist – vordergründig – kein Problem: Konzentration und Produktivität lassen sich wieder aufbauen. Bevor Deine Konzentration jedoch erneut auf ihrem Ausgangswert angelangt ist, betritt Dein Partner den Raum und fragt kurz nach, ob er Dir einen Tee zubereiten kann. Lieb gemeint, aber Deine Aufmerksamkeit wird erneut von Deiner eigentlichen Aufgabe abgezogen.

Auf diese Weise schreddern Unterbrechungen nach und nach Deine Konzentration und sorgen dafür, dass Du letztendlich stundenlang über Deinen Büchern brütest, ohne hinterher zu wissen, was Du gelesen hast; dass Du mehr und mehr Zeit in besagten Elternbrief investierst, ohne damit voranzukommen. Kein wirklich schönes Gefühl!

Im Folgenden habe ich Dir eine Liste der häufigsten Unterbrechungen zusammengestellt. Dabei handelt es sich um Nennungen von Studierenden, Lehrkräften und Referendarinnen und Referendaren – also von Personen in einer mit der Deinen vergleichbaren Situation. Lies diese Liste bitte und kreuze an, welche Unterbrechungen und Störungen auch Dein produktives Arbeiten verhindern. Verzichte aktuell bitte noch darauf, Ergänzungen vorzunehmen.

Lärm	fehlende Materialien	Freunde
visuelle Ablenkungen	Unordnung	Partner
fremde Menschen	Whats App	Eltern
Gedanken	Handy	Mitbewohner
Sorgen/Probleme	Soziale Netzwerke	
Desinteresse	Jodel	
lärmende Menschen	Gang zur Toilette	
Tagträume	Hunger	
Panikanfälle	Nikotinsucht	

Häufig werden derartige Unterbrechungen und Störungen des Arbeitsprozesses im Zeitmanagement in zwei Kategorien unterteilt:

- interne Störungen, für die Du selbst verantwortlich bist
- externe Störungen, für die andere die Verantwortung tragen

Prinzipiell ist gegen diese Einteilung nichts einzuwenden und auch für Dich ist es sicherlich ein großer Fortschritt, wenn Du Deinen Alltag und Dein Arbeiten bewusst analysierst und erkennst, ob Du persönlich für die meisten Unterbrechungen und Störungen verantwortlich bist, oder ob dies tatsächlich auf äußere Umstände und andere Personen zurückzuführen ist.

Dennoch bevorzuge ich einen anderen Weg. Ich arbeite eher lösungsorientiert als ursachenbezogen und unterscheide drei Kategorien:

1 Störungen, die sich dadurch lösen lassen, dass Du Menschen aus Deinem direkten Umfeld so beeinflusst, dass sie Dich nicht mehr beim Arbeiten unterbrechen

2 Störungen, die Du durch bessere Organisation vermeiden oder vermindern kannst

3 Störungen, mit denen Du lernen musst, umzugehen

Für alle drei Kategorien der Aufzählung werde ich Dir Lösungsmöglichkeiten vorstellen. Vorher jedoch möchte ich Dich bitten, zurück zu der Aufzählung zu gehen: Ergänze dort die Störungen, die Dein ganz persönliches Arbeiten unterbrechen und Deine Konzentration auf wichtige Aufgaben stören. Nicht jeder der folgenden Ratschläge wird sich speziell in Deiner Situation umsetzen lassen, nicht jeder wird speziell für Dich realistisch oder sinnvoll sein. Lies Dich bitte dennoch sorgfältig ein. Häufig ist ein individuell nicht umsetzbarer Ratschlag der Anstoß, eine eigene Idee bzw. einen eigenen Lösungsansatz zu entwickeln.

Personen aus Deinem direkten Umfeld

Weshalb sollten Dir wohlgesonnene Menschen aus Deinem direkten Umfeld Deine Konzentration stören, wenn Du gerade dabei bist, Unterricht vorzubereiten, Aufsätze zu korrigieren oder Dich auf eine Prüfung vorzubereiten? Eben weil Sie es gut mit Dir meinen! Dein Partner, der an der Zimmertüre klopft, um Dir eine Tasse Tee anzubieten, möchte Dich in dieser stressigen Zeit unterstützen und Dir eine Freude bereiten. Die Freunde, die Dich mit dutzenden Nachrichten überreden wollen, doch mit Ihnen feiern zu gehen, vermissen Dich und wollen Dir zu etwas Abwechslung verhelfen. Aus der Sicht des hartarbeitenden, unter Dauerstrom stehenden Referendars bzw. Referendarin sind dies alles Dinge, die Deine Konzentration stören und Deinen Erfolg gefährden.

Dir wohlgesonnenen Personen einen Einlauf verpassen und sie anbrüllen, sie sollen Dich in Ruhe lassen und Deine Konzentration nicht stören? Selbst unter Verweis auf den Saw-Blade-Effect ist dies sicherlich nicht die beste Idee. Andernfalls wirst Du Dich am Ende des Referendariats über zu viel Freizeit wundern, da Dein/e PartnerIn weg ist und keiner Deiner ehemaligen Freunde mehr etwas mit Dir zu tun haben will.

Die Lösung lautet: Erziehung! Dies empfiehlt sich nicht nur für ReferendarInnen, sondern auch für reguläre Lehrkräfte oder MitarbeiterInnen in Unternehmen. Erziehe Deine KollegInnen und Eltern, Deine/n PartnerIn oder Deine Freunde. Erziehung meint dabei, signalisiere ihnen, dass Du ihre Unterstützung schätzt, die gutgemeinte Tasse Tee Dich aber in Deiner Konzentration stört. Selbstverständlich funktioniert dies über ein offenes Gespräch, doch wären wir keine Menschen, wenn ein Gespräch allein schon ausreichend für eine Verhaltensänderung wäre.

Deshalb solltest Du, soweit in Deiner Situation möglich, das Konzept der Offenen Türe nutzen. Dies klingt banal, leistet vielen in der freien Wirtschaft jedoch gute Dienste. Dieses Konzept besagt nichts anderes, als dass diese ihren KollegInnen – in Deinem Fall Partner, Kindern oder Mitbewohnern bereits durch die Türe zu Deinem Arbeitszimmer bzw. zur Küche, in der Du mangels eines Arbeitszimmers über Klausuren brütest, mitteilst ob Du gerade zur Verfügung stehst:

- Eine geschlossene Türe bedeutet: Ich arbeite gerade hochkonzentriert. Bitte stört mich doch nach Möglichkeit nicht.
- Eine offenstehende Türe hingegen signalisiert: Nur herein mit euch. Ich stehe euch zur Verfügung.

Auf den ersten Blick mag es seltsam erscheinen, seine Familie oder seinen Partner auszuschließen, doch überlege einen Moment: Hättest Du einen anderen Beruf ergriffen und würdest in einem auf Hochglanz polierten Büro arbeiten – wie häufig würden Familienmitglieder einfach so hereinspazieren und Deine Arbeit unterbrechen?

Wenn Du in der Schule – beispielsweise nach Unterrichtsschluss in Deinem Klassenzimmer arbeitest, kann es sogar eine Option sein, die Türe von innen zu verschließen. Die KollegInnen, die nach ein Uhr fluchtartig das Schulgebäude verlassen, sind für Schulleitung, SchülerInnen oder KollegInnen ja auch nicht mehr greifbar. Wenn Du diesen Weg gehst, muss es Dir nur noch gelingen, auch wirklich konsequent weiterzuarbeiten, wenn jemand an der Türe klopft, um zu sehen, ob Du noch da bist. Zugegeben, diese Vorgehensweise bedarf eines dicken Fells, ist aber hocheffizient. Unter Umständen kann es sogar sinnvoll sein, Deine Schulleitung einzuweihen. So zählt diese Dich nicht zum Heer derer, die die Schule gar nicht schnell genug verlassen können, und kann im Notfall (!) trotzdem auf Dich zurückgreifen.

Du und Deine Selbstorganisation

Der zweite Ursachenkomplex von Störungen bist Du selbst, bzw. die Defizite Deiner Organisation oder Deines Selbstmanagements. Abgabefristen, die Du nicht auf dem Schirm hast, Unterlagen, die Du gerade dann nicht zur Hand hast, wenn Du sie benötigst oder chaotische Wohnungen, die gerade zur Prüfungszeit aufgeräumt und geputzt werden wollen.

Der erste Schritt zur Lösung Deiner Organisations- und Strukturprobleme ist das Studium des Kapitels *Zeitmanagement* in diesem Ratgeber und die Umsetzung der dort dargestellten Techniken und Maßnahmen, vor allem der Pomodoro-Technik.

> *Ich habe größten Respekt vor Lehrern. Eigentlich tun die nichts anderes als wir Manager. Nur bekommen Sie nicht unser Gehalt und haben keinen persönlichen Referenten, der ihnen bei der Organisation hilft und ihnen Arbeit abnimmt.*
>
> Markus H. (Geschäftsführer)

Externe Einflussfaktoren

Eine S-Bahnstrecke neben Deiner Wohnung und Züge, die im Minutentakt die Gläser in Deinen Küchenschränken klirren lassen? Eine Baustelle vor der Türe oder der laut brummende Kühlschrank in der WG-Küche? Leider lassen sich nicht alle Störungen und Unterbrechungen vermeiden. Provokativ ließe sich hier anführen: Du musst eben lernen, damit zu leben. Lösungsorientiert möchte ich anführen: Du kannst trainieren, damit zu leben.

Besser gesagt: Du solltest trainieren, Dich von diesen Störfaktoren nicht allzu stark ablenken zu lassen. Deshalb an dieser Stelle ein Leitfaden, der Dir helfen kann, Deine Konzentration gezielt herzustellen:

- Entscheide Dich ganz bewusst für eine Aufgabe, an der Du aktuell arbeiten möchtest. Alle anderen Dinge haben jetzt nichts in Deinem Bewusstsein zu suchen.
- Lege ein Schmierblatt bereit, auf dem Du schnell und stichpunktartig alle anderen Aufgaben notierst, die Dir während der Arbeit an der von Dir ausgewählten Aufgabe in den Sinn kommen. Wenn Du diese schriftlich festhältst, kannst Du sie sofort wieder vergessen und Dich auf anderes konzentrieren.
- Beobachte Dich selbst! Was ist Konzentration für Dich überhaupt? Wenn Du realisierst, dass Du besonders konzentriert arbeiten konntest und dabei gar nicht bemerkt hast, dass Deine Mitbewohnerin nach Hause gekommen ist, bedeutet das nur: Auch das nächste Mal solltest Du Deiner nach Hause kommenden Mitbewohnerin (vorerst) keine Beachtung schenken.
- Beobachte andere! Wie gelingt es diesen, konzentriert zu arbeiten? Ziehen diese sich in eine Bibliothek zurück? Tragen sie beim Arbeiten Kopfhörer? Hören sie Musik oder White Noise, der Lärm überlagert? Vielleicht entdeckst Du auf diese Weise den einen oder anderen Ansatz auch für Dich.

Mein konkreter Tipp für Dich:

Tipp

Beobachte Dich selbst und reflektiere Dein Verhalten. Mache Dir die Dinge bewusst, die Deine Konzentration beim Arbeiten stören oder mit denen Du Zeit sinnlos vergeudest. Dein Ziel sollte es nicht sein, all diese Dinge zu eliminieren und aus Deinem Alltag zu verbannen. Ein Leben ohne jegliche Störung, ohne jegliche Zeitverschwendung ist nicht nur utopisch, sondern klingt auch ziemlich langweilig. Konzentriere Dich auf zwei Störungen, die Dein Arbeiten besonders häufig beeinträchtigen und setze alles daran, diese zu minimieren.

Das hast Du Dir verdient – Work-Life-Balance und Ref

Neben all den positiven Erfahrungen ist der Vorbereitungsdienst tatsächlich eine anstrengende Zeit, in der die eine oder andere Nachtschicht sich nicht vermeiden lässt, viele ReferendarInnen die eine oder andere Träne verdrücken und manch einer sogar an seiner Berufswahl zweifelt. Gerade deshalb ist es wichtig, dass Du in dieser Zeit auf Dich acht gibst und Dir immer wieder Auszeiten nimmst.

Belohnungen

Belohnungen funktionieren – nicht nur bei Kindern und Jugendlichen, sondern auch bei uns Erwachsenen. Deshalb möchte ich Dich bitten, zehn Dinge zu notieren, mit denen Du Dich nach einem anstrengenden Tag oder am Ende einer stressigen Woche belohnen kannst (siehe auch Downloadbereich). Dies können absolute Kleinigkeiten sein, wie ein gemütliches Schaumbad in der Badewanne, ein Filmabend mit Deinem Partner oder ein besonders leckeres, frisch zubereitetes Essen – Dinge eben, die Du zwar genießt, die aber im Referendariat aus Zeitgründen häufig auf der Strecke bleiben:

1. ______________________________
2. ______________________________
3. ______________________________
4. ______________________________
6. ______________________________
7. ______________________________
8. ______________________________
9. ______________________________
10. ______________________________

Immer wenn Dir die Unterrichtsvorbereitung nicht so recht von der Hand gehen will, wenn die Korrektur von Aufsätzen sich hinzieht oder wenn Du vor lauter Aufgaben weder ein noch aus weißt, solltest Du den Blick in die Zukunft wagen. Nimm Dir vor, jetzt noch durchzuhalten, Dich aber am Ende des Tages, am Ende der Woche oder nach erfolgreich absolviertem Beratungsbesuch zu belohnen. Ausreichend Ideen dazu hast Du ja bereits gesammelt.

Entspannung

Im Vorbereitungsdienst haben viele das Gefühl, konstant unter Stress zu stehen und wie ein Hamster im Hamsterrad schneller und schneller zu laufen, ohne jemals anzukommen. Dies führt weder zu besserem Unterricht noch zu besseren Seminarnoten – einzige Folge werden Krankheit, Ausgebrannt-Sein und Erschöpfung sein. Nimm Dir auch im Referendariat Zeit für Entspannung – im Folgenden nur eine erste Auswahl sinnvoller Möglichkeiten:

- Meditation
- Mindfullness Stress Reduction
- Progressive Muskelentspannung
- Yoga
- autogenes Training
- Tai Chi und Qigong

Im Idealfall findest Du noch vor Beginn des Vorbereitungsdienstes die für Dich sinnvolle Möglichkeit heraus, auf die Du dann zurückgreifen kannst.

Abstand

Nach dem Schultag ist vor dem Schultag – in Anlehnung an das bekannte Zitat des Fußballers Sepp Herberger stimmt diese Aussage für die meisten ReferendarInnen. Schlimm nur, wenn dazwischen keine Zeit für Ruhe ist, wenn selbst beim Abend mit dem Partner oder der Partnerin das einzige Gesprächsthema die eigenen Schüler sind und die Gedanken selbst im Bett noch um den Unterricht kreisen.

Das, was dem typischen Referendar und der typischen Referendarin in dieser Situation fehlt, sind Möglichkeiten, eine klare Grenzen zwischen Arbeit und Freizeit zu ziehen. Denn oft ist Dir zwar klar, dass Du jetzt eigentlich mit Deiner Partnerin eine Netflix-Serie ansiehst und entspannen möchtest, Dein Unterbewusstsein ist jedoch in der Schule geblieben und geht den morgigen Unterricht durch.

Was Du benötigst sind Wege, auch Deinem Unterbewusstsein klarzumachen, dass die Arbeit nun beendet ist. An dieser Stelle geht es nicht um Aktivitäten, bei denen Du abschalten kannst – Sport, Mediation und Ähnliches. Diese sind natürlich gut, aber das ist hier nicht gemeint. Diese Dinge findest Du sicherlich zur Genüge, wenn Du auf Deine „Belohnungsliste“ blickst. Es geht darum, den Übergang von Arbeit zu Freizeit so zu gestalten, dass Ersteres wirklich hinter Dir liegt und Dich für den Moment nicht mehr belastet.

Einige Wege, die Lehrkräfte hier erfolgreich gehen:

Ich fahre immer mit dem Bus nachhause. Wenn ich einen stressigen Tag hatte, steige ich zwei Stationen früher aus und spaziere nach Hause. Wenn ich dann zuhause ankomme, ist tatsächlich Freizeit angesagt.

Melanie E.

Aus den Augen aus dem Sinn! Sobald die Arbeit beendet ist, räume ich meine Schultasche in die Garderobe und fahre den Computer runter.

Klaus K.

Den Schulstress lasse ich in dem Moment hinter mir, in dem ich in mein Freizeitoutfit schlüpfe.

Cigdem A.

Ich habe meinen Arbeitsplatz nur in der Schule. Ich nehme gar keine Arbeit mit nach Hause, sondern sitze nach Unterrichtsende eben in meinem Klassenzimmer und korrigiere Hefte oder bereite Unterricht vor. Wenn ich damit fertig bin, nehme ich mir zwei Minuten, schließe die Augen und entspanne mich. Wenn ich dann aufstehe und nach Hause gehe, ist der Schulstress wie weggeblasen.

Alex F.

Natürlich kannst Du Dich an den Tipps der erfahrenen Kolleginnen und Kollegen orientieren und Dich davon inspirieren lassen. Wichtig ist nur, dass Du Wege findest, auch Deinem Unterbewusstsein zu signalisieren: Jetzt ist Feierabend!

Unterrichtsmanagement

Zu Beginn dieses Kapitels darf ich gleich Entwarnung geben: Keine Angst, ich habe definitiv nicht vor, an dieser Stelle gemeinsam mit Dir die Inhalte nochmals durchzukauen, die Du sowieso aus den schulpädagogischen und didaktischen Lehrveranstaltungen im Studium und aus dem Seminar im Vorbereitungsdienst kennst. Vielmehr werde ich an dieser Stelle zeigen, wie Du theoretische Inhalte nutzt, um in der Schule zu bestehen und wie Du Dir dabei selbst das Leben nicht unnötig schwermachst.

Dazu besteht dieses Kapitel aus vier unterschiedlich großen Teilen:

1. Vor jedem Unterricht will dieser vorbereitet werden. Deshalb führe ich Dich zunächst durch die Jahresplanung, Sequenzplanung und die Planung einzelner Unterrichtsstunden.
2. Da gerade die ersten selbst gehaltenen Unterrichtsstunden entscheidend für das Standing einer Lehrkraft in einer Klasse sind, habe ich auch dazu einige kurze Ratschläge.
3. Den größten Teil dieses Kapitels nimmt die Darstellung einzelner, realer Unterrichtssituationen ein, anhand derer sich exemplarisch grundlegende Erkenntnisse für den eigenen Unterricht gewinnen lassen. Jede dieser Situationen habe ich selbst beobachtet, in jeder dieser Situationen ist es meine Aufgabe gewesen, mit den Unterrichtenden ins Gespräch zu gehen und mein Feedback dazu zu geben.
4. Abschließend gehe ich unter der Überschrift *Fragen über Fragen* knapp auf eine Vielzahl unterschiedlicher Aspekte ein, die ich bei Praktikanten, Lehramtsanwärtern und Junglehrern immer wieder beobachte und mit denen sie sich das Leben und den Schülern das Lernen entweder schwermachen, oder die ganz entscheidend zu einem gelingenden Unterricht beitragen.

Planen, planen und nochmals planen

Die Themen *Jahresplanung, Wochenplan* und *Unterrichtsplanung* sind insofern heiße Eisen, als die formalen Anforderungen hier von Bundesland zu Bundesland, teilweise sogar von Seminarleitung zu Seminarleitung variieren. Deshalb:

Halte Dich stets an die formalen Vorgaben Deiner Seminarleitung. Sie kennt die Situation in Deinem Bundesland, an Deiner Schulart besser als ich; sie ist es, die mehr Erfahrung hat als Du und schon viele Generationen an LehramtsanwärterInnen ausgebildet hat ... und außerdem ist sie diejenige, die Deine Leistungen bewerten wird.

Ich werde Dir im Folgenden zeigen, wie Du beim Planen vorgehen kannst, welche Fehler es zu vermeiden gilt und worauf Du achten solltest.

Jahresplan

Aus dem Jahresplan machen viele Lehrkräfte – auch erfahrene – geradezu eine Wissenschaft. Natürlich ist es tatsächlich wichtig, zu Beginn eines Schuljahres einen schlüssigen und durchdachten Jahresplan zu erstellen. Dieser sagt Dir, welche Themen Du wann und wie lange behandeln möchtest. Doch übertreibe es bei seiner Erstellung nicht. Deine Jahresplanung sollte Dir Orientierung bieten und Dich durch das Schuljahr begleiten. Sie soll Dich nicht zu ihrem Sklaven machen, der Stunde um Stunde den Monaten zuvor gesetzten Zielen nachjagt.

Bitte glaube mir: Im Verlauf eines Schuljahres wird so viel Unvorhergesehenes geschehen, auf das Du flexibel reagieren musst, dass eine zu detaillierte Planung nicht nur vergebliche Liebesmühe ist, sondern Dich sogar stark einengen kann.

> *Auf den Jahresplan wurde im Referendariat unglaublich viel Wert gelegt. Natürlich ist der wichtig, aber viele andere haben so genau geplant, dass sie wirklich in jeder einzelnen Woche die Panik gekriegt haben, da etwas nicht so gelaufen ist wie geplant und sie ihren heiligen Jahresplan wieder umschmeißen mussten.*
>
> Stephanie G.

Mit der Planung des Schuljahres kannst Du beginnen, sobald Du weißt in welchen Jahrgangsstufen Du welche Fächer unterrichtest. Auch deshalb solltest Du schnellstmöglich Kontakt mit Deiner Schule aufnehmen, wenn Du Deinen Einsatzort erfährst. Neben dieser Information helfen Dir bei Deiner Jahresplanung vier Dinge:

- der Lehrplan und evtl. vorhandener schulinterner Lehrplan
- ein Kalender
- das Schulbuch
- Jahresplanungen anderer, die Dir unter Umständen in einem Praktikum, von Bekannten oder von Deiner Betreuungslehrkraft überlassen wurden

Durch die Ferien ist das Schuljahr bereits recht stark vorstrukturiert. Denn auch als Berufsanfänger wirst Du wohl nur in Ausnahmefällen auf die Idee kommen, eine Unterrichtssequenz über die Ferien zu ziehen. Im Idealfall endet diese in der Woche vor Ferienbeginn. Über Ferien und Feiertage hinaus solltest Du in Deiner Jahresplanung auch alle weiteren Tage berücksichtigen, an denen für Dich und Deine Klasse kein regulärer Unterricht läuft:

- schulinterne Termine
- Klassenfahrten

- Abschlussprüfungen
- Praktika
- Projekttage oder -wochen

Selbstverständlich wirst Du hier noch nicht alles wissen, was dieses Schuljahr ansteht. Ergänze diese Einträge während des laufenden Schuljahres.

Nun nutzt Du den Lehrplan und verteilst die einzelnen Themen und Sequenzen auf das anstehende Jahr. Normalerweise rechnet man je nach Bundesland mit 38 bis 40 Schulwochen. Ich empfehle Dir, zusätzlich bei jeder Sequenz einen Puffer von mindestens einer Unterrichtsstunde einzuplanen, denn Dir fehlt die Erfahrung, genau abzuschätzen, wie lange sich einzelne Sequenzen wirklich hinziehen können. Die meisten Lehramtsanwärter unterschätzen die Zeit, die es dauert, die einzelnen Inhalte mit ihren Klassen zu erarbeiten.

Jahrespläne anderer, vor allem aber das Schulbuch kannst Du als Hilfe heranziehen. Darin siehst Du, wie umfangreich die einzelnen Themen von anderen behandelt werden.

Am besten markierst Du Dir in Deinem Jahresplan auch die Themen, die sich in Deinen Augen für Leistungsfeststellungen, Referate, Projektarbeiten oder Unterrichtsgänge anbieten.

Eine gute Idee ist es, Deine Jahresplanung übersichtlich zu visualisieren; entweder in Deinem Klassenzimmer oder zuhause an Deinem Arbeitsplatz. Einige ReferendarInnen zerschneiden dazu einen Ausdruck des Lehrplans und befestigen die einzelnen Inhalte auf einer Styroporplatte oder einer Pinnwand. So können sie auf Änderungen reagieren und Inhalte leicht umstecken; auch eine Kopie Deiner Planung im DIN-A3-Format ist möglich. Auf diese Weise hast Du in der Klasse oder zuhause konstant Deine Planung im Blick, kannst Erledigtes abhaken und realisierst es sofort, wenn Du hinterherhinkst.

Der Vorteil eines im Klassenzimmer platzierten Jahresplans liegt auf der Hand: Auch Deine Schülerinnen und Schüler behalten den Überblick. Vermutlich wird manch älterer Kollege Dir sagen, dies sei ungünstig, da Du so unter Rechtfertigungsdruck geraten wirst. Dies sehe ich anders:

- Du hast Dir ausführlich Gedanken über Deine Jahresplanung gemacht und kannst Deine Entscheidungen vertreten und begründen.
- Auch wenn Du flexibel agieren und Deine Planung an die Gegebenheiten anpassen musst, hast Du Deine Gründe und solltest nicht zu feige sein, diese SchülerInnen oder Eltern bei Bedarf zu erläutern.

Natürlich gibt es unter Eltern – wie auch in jeder anderen Personengruppe – auch Querulanten, die mit keiner Entscheidung und keiner Erklärung zufrieden sind. Die meisten Schüler und Schülerinnen sowie Erziehungsberechtigten jedoch werden Dir für Deine Flexibilität und Weitsicht danken, wenn Du erläuterst, dass

Du Dir für eine Sequenz bewusst mehr Zeit genommen hast, da diese besonders wichtig für die Folgejahre ist und Deine Klasse hier unerwartet große Probleme hatte.

Sequenzplanung

Natürlich finden sich in Deinem Jahresplan nicht einzelne, isolierte Unterrichtsstunden, die unverbunden nebeneinander stehen. Vielmehr sind diese eingebettet in unterschiedliche Sequenzen. In einer Sequenz kommt jeder einzelnen Unterrichtsstunde eine ganz bestimmte Bedeutung und Funktion zu.

Das bedeutet: Dein Sequenzplan entsteht auf Basis Deiner Jahresplanung. Sind dort die einzelnen Themen nur grob skizziert, teilst Du sie in Deiner Sequenzplanung in einzelne Unterthemen und Unterrichtsstunden auf. So können sich Deine SchülerInnen in einer Sequenz häppchenweise das Thema erschließen und sukzessive an ihrem Kompetenzaufbau arbeiten. Bei der Planung hilft es Dir, folgende Aspekte zu berücksichtigen:

- Im Laufe Deiner Sequenz werden die Lerninhalte zunehmend komplexer.
- Zu vielen Themen haben Deine Schülerinnen und Schüler schon umfangreiches Vorwissen. Dieses solltest Du in Deinem Unterricht unbedingt berücksichtigen – bspw. bei Differenzierungsmaßnahmen. Feststellen kannst Du dieses Vorwissen mit Quizspielen vor Beginn der eigentlichen Unterrichtssequenz oder aber beim gemeinsamen Brainstorming an der Tafel. Auf diese Weise kannst Du auch den individuellen Lernerfolg Deiner Schülerinnen und Schüler später besser feststellen.
- Auch deshalb solltest Du besonders großen Wert auf die Einführungsstunden Deiner Sequenzen legen. Hier holst Du Deine Schüler und Schülerinnen ab, motivierst und begeisterst sie für das Thema. Diese Begeisterung kann sie durch die gesamte Sequenz tragen und wird dafür sorgen, dass diese reibungsloser verläuft. Außerdem legst Du in dieser Stunde die Wissensgrundlagen für die weitere Bearbeitung des Themas in den folgenden Wochen. Ein Schüler, der aus der Einführungsstunde nicht die Information mitnimmt, das Christoph Kolumbus Seefahrer war und Amerika entdeckte, wird in den Folgestunden auch den Schiffbruch der Santa Maria und die Begegnungen des Spaniers mit Eingeborenen nicht einordnen können, sondern als isolierte Einzelinformationen ‚hier ist eben ein Schiff untergegangen' wahrnehmen.
- Achte darauf, dass Deine Einzelstunden sinnvoll aufeinander aufbauen. Jede einzelne sollte an die vorangegangene Stunde anknüpfen, das dort vermittelte Wissen erweitern und die dort vermittelten Kompetenzen ausbauen oder vertiefen.
- Unterrichtssequenzen bieten sich nicht nur an, um Schülerinnen und Schülern Fachwissen zu vermitteln. Vielmehr solltest Du jede Sequenz auch als

Chance sehen, um Unterrichtsmethoden einzuführen und Arbeitsroutinen zu etablieren.

- Ein Aspekt, der am deutschen Schulsystem häufig zu Recht kritisiert wird ist das strenge Denken in Fachgrenzen. Dies jedoch fördert träges Wissen und verhindert vernetztes Denken. Beleuchte das Unterrichtsthema bei der Sequenzplanung aus unterschiedlichen Perspektiven und sprich Kolleginnen und Kollegen an, ob sie nicht ebenfalls darauf eingehen können. Gerade beim Thema *Kolumbus* bietet sich an, dieses eben nicht nur in Geographie, sondern auch in Kunst, Sozialkunde oder Deutsch zu behandeln.
- Formuliere bei Deiner Sequenzplanung bereits Lernziele. Frage Dich, welche Kompetenzen Deine Schülerinnen und Schüler am Ende erworben haben sollen, was sie wissen sollen und was sie können sollen.
- Auch mit didaktisch-methodischen Überlegungen solltest Du nicht bis zur Planung der Einzelstunden warten. Gerade bei der Sequenzplanung fallen einem oft automatisch geeignete methodische Maßnahmen ein, die sich für die Erarbeitung der Inhalte anbieten.

Ganz konkret kannst Du bei der Planung einer Unterrichtssequenz folgendermaßen vorgehen:

In Deinem Jahresplan hast Du festgelegt, wie viele Unterrichtsstunden diese Sequenz dauern soll. Lege nun eine Tabelle an (siehe auch Zusatzmaterial unter www.utb-shop.de/9783825254056), in der Du für jede der eingeplanten Unterrichtsstunden eine Zeile reservierst. Auf diese Weise bekommst Du schnell einen Überblick. Wenn Du anschließend die Zeilen mit Inhalt füllst, solltest Du eine als Puffer einplanen und leer lassen. Diese kannst Du, solltest Du diesen letztendlich nicht benötigen, nutzen, um weitergehendes Wissen zu vermitteln, Deiner Klasse eine Zusammenschau des Themas zu ermöglichen, einen besonders eindrucksvollen Abschluss einzubauen oder aber die Sequenz eine Stunde früher als geplant zu beenden.

Für jede Stunde trägst Du in knapper Form Stundenthema, Lernziele und geschulte Kompetenzen, mögliche didaktisch-methodische Maßnahmen und benötigte Medien und Materialien ein.

	Stundenthema	Ziele und Kompetenzen	did.-meth. Maßnahmen	Medien und Materialien
1				
2				
3				
4				

Dies ist EINE mögliche Vorgehensweise. Leider kannst Du im Vorbereitungsdienst nicht immer so agieren, wie es Dir sinnvoll erscheint. Gerade bei der Sequenzplanung variieren die Anforderungen der Seminarleitungen erfahrungsgemäß besonders stark. Während der eine lediglich eine kurze Liste der geplanten Stundenthemen fordert, erwartet der andere über die in der Tabelle angeführten Aspekte hinaus Lehrplanbezüge, Fächerquerverbindungen und teilweise konkrete unterrichtliche Abfolgen.

Stundenplanung

Auch bei der Stundenplanung variieren die Anforderungen von Seminar zu Seminar, weshalb ich hier allgemeine Ratschläge geben und mögliche Vorgehensweisen aufzeigen werde. Benutze hier Deinen gesunden Menschenverstand und Dein reichhaltiges Theoriewissen, um ...

- die Elemente herauszuziehen, die für Dich in Deiner ganz individuellen Situation hilfreich sind,
- das an Deine Bedürfnisse anzupassen, was der Anpassung bedarf und
- das zur Kenntnis zu nehmen, für das Du heute noch keine Verwendungsmöglichkeit siehst.

Ganz zu Beginn der Vorbereitung einer Unterrichtsstunde ist es notwendig, sich einen Überblick über das Thema und den Inhalt zu verschaffen. Die Fragen, die Du Dir stellst, lauten demnach:

WAS GILT ES FÜR MICH ÜBER DIESES THEMA ZU WISSEN?
WAS WILL ICH VERMITTELN?

Sollten Dir die Begriffe *Sachanalyse* und *didaktische Analyse* noch nicht begegnet sein, glaube mir: Spätestens in den ersten Wochen des Schuljahres wirst Du diese in Deinem Seminar kennenlernen. Idealerweise bist Du durch Dein Studium in den meisten Themengebieten sehr sicher – andernfalls informierst Du Dich mittels seriöser Quellen. Auch über die Kompetenzen, die Deine Schüler aufbauen sollen, machst Du Dir nun Gedanken. Anschließend überlegst Du, mit welchen Methoden und Medien Du Deine Ziele erreichen kannst.

Bei der Planung orientierst Du Dich am besten zunächst an folgenden Punkten:

- Sichte das Schulbuch! Welche Texte, Aufgaben und Bilder bietet es? Welche Vorschläge unterbreitet das Lehrerhandbuch zum Schulbuch?
- Sichte zwei weitere Schulbücher zum Thema.
- Welche Methoden (Sozialformen, Arbeitsaufträge, Inszenierungstechniken, Handlungsmuster etc.) sind bei diesem Thema, sind in dieser Stunde sinnvoll?

- Wie kann ich diese Methoden zu einem methodisch abwechslungsreichen Unterricht kombinieren?
- Welche Medien sind sinnvoll? Welche Medien stehen mir überhaupt zur Verfügung?
- Gerade Sachbücher für Kinder und Jugendliche sind eine wahre Fundgrube an Informationen, Bildern und altersgemäßen Texten.

Bei der anschließend konkreten Planung solltest Du Dich an diesen Tipps orientieren:

- Fertige eine Grobskizze des Stundenverlaufs an. Dieser folgt in der Regel unabhängig von den einzelnen in den Fächern verwendeten Artikulationsschemata folgendem Vierschritt. Notiere bei jedem Abschnitt einige Ideen inhaltlicher und methodischer Art:

  1. Einstieg
  2. Erarbeitungsphase
  3. Ergebnissicherung
  4. Abschluss

- Verzichte auf eine „Schwellenvorbereitung“. Das ist die beschönigende Umschreibung für eine Unterrichtsstunde, die sozusagen in der Sekunde „vorbereitet“ wird, in der die Lehrkraft das Klassenzimmer betritt, also auf der Türschwelle. Solche Unterrichtsstunden sind selbst bei erfahrenen Lehrkräften nur selten erfolgreich. Gerade bei Berufsanfängern laufen unvorbereitete Stunden in der Regel aus dem Ruder und verhindern diszipliniertes Lernen der Klasse und Lernerfolg.
- Sollte einmal tatsächlich alles zu viel werden und Dir einfach keine Zeit für eine ausführliche Stundenplanung bleiben, hilft Dir folgende NOTFALLSTRATEGIE, die das absolute Minimum der Stundenvorbereitung darstellen sollte:
  - Informiere Dich knapp über das Thema.
  - Skizziere für Dich das Ergebnis (Tafelanschrift, Plakate, ausgefülltes Arbeitsblatt) der Stunde.
  - Mit dieser minimalen Vorbereitung kannst Du – in Ausnahmefällen – vor die Klasse treten und gemeinsam mit dieser auf das Ergebnis hinarbeiten.

Wenn Du Deine Stundenvorbereitung endlich abgeschlossen hast, solltest Du sie noch nicht ganz zur Seite legen. Denn gerade als BerufsanfängerIn geht man machmal in der Vorbereitung einer Stunde so auf, dass der eigene, vor Inhalten, Methodenentscheidungen, einzusetzenden Medien und zu berücksichtigenden Unterrichtsprinzipien rauchende Kopf den Blick für das Wesentliche verliert. Deshalb lohnt es sich, die eigene Stundenplanung anhand der folgenden Checkliste (siehe auch Downloadbereich) abschließend zu überprüfen.

- Wie viel rede und mache ich? Wie viel werden die SuS aktiv sein?
- Passen die Methoden zu den Inhalten oder setze ich diese zum Selbstzweck ein?
- Ist mein Unterricht abwechslungsreich? Rhythmisiert?
- Welche Stellen im Unterricht sind besonders wichtig? Wo läuft der Unterricht Gefahr aus dem Ruder zu laufen?
- Was mache ich mit auffällig starken, schwachen, schnellen, langsamen, interessierten ... Schülerinnen und Schülern?

Gewöhne Dir außerdem an, jede gehaltene Unterrichtsstunde am Ende eines Schultages kurz zu analysieren. Orientiere Dich dabei am Dokument Unterrichtsreflexion im Downloadbereich.

- Wurde der beabsichtigte Lernerfolg erreicht? Ist den Schülerinnen und Schülern der beabsichtigte Kompetenzaufbau/-ausbau gelungen?
- Woran lagen Lernerfolge? Worauf sind Misserfolge zurückzuführen?
- War ich ausreichend sicher im Stoff?
- Wo musste ich von meiner Planung abweichen? Hätte ich hier vorab anders planen müssen? War meine Entscheidung im Nachhinein sinnvoll?
- Habe ich die richtigen didaktisch-methodischen Entscheidungen getroffen? Falls nicht: Passten die von mir gewählten Methoden und Medien nicht zu den Zielen und Inhalten oder lagen die Probleme im Spannungsfeld Methoden und Medien einerseits – Schülerinnen und Schüler andererseits?
- Haben die Schülerinnen und Schüler mitgezogen? Haben sie mitgearbeitet? Waren sie motiviert? Wie waren Arbeitsatmosphäre und Arbeitsverhalten?
- Wie habe ich mich als Unterrichtende/r wahrgenommen?
  - Habe ich mich als Lehrkraft und als Autorität akzeptiert gefühlt?
  - Habe ich mich sicher gefühlt, als authentisch wahrgenommen?
  - Bin ich mit meinem Auftreten (Mimik, Gestik, Körpersprache, Umgang mit den Schülerinnen und Schülern, sprachliches Vorbild, Raumregie) zufrieden?

Nur wenn Du konsequent Erfolge und Misserfolge analysierst und daraus Deine Konsequenzen ziehst, wirst Du Dein Unterrichten und Dein Lehrerhandeln stetig weiterentwickeln. Nur auf diesem Weg wirst Du der Lehrer oder die Lehrerin, der oder die Du sein möchtest, nur auf diesem Weg wirst Du in Deinen Lehrproben Erfolg haben.

Die ersten eigenen Unterrichtsstunden

Natürlich willst Du alles anders machen, als die vielen Lehrerinnen und Lehrer, die Du in der eigenen Schulzeit erleben/erleiden musstest. Dieses hehre Ziel bewegt viele Lehramtsstudierenden und -anwärter.

Dennoch ist es ratsam, gerade in den ersten eigenen Unterrichtsstunden nicht allzu sehr zu experimentieren, sondern auf Altbewährtes zurückzugreifen. Zeit für bahnbrechende Innovationen hast Du zu einem späteren Zeitpunkt noch. Gerade zu Beginn Deiner Zeit im Schuleinsatz hast Du mit zu vielen Herausforderungen zu kämpfen, als dass Du die Kapazitäten und die Energie hättest, das Rad neu zu erfinden. Gerade wenn die ersten eigenen Unterrichtsstunden wirklich klassische, handfeste Stunden sind, bekommst Du die Gelegenheit:

- in der Schule anzukommen,
- Deine Schülerinnen und Schüler kennenzulernen,
- Dich selbst in der trotz Praktika weitgehend ungewohnten Rolle als Lehrkraft zurechtzufinden und
- von Deinen Schülerinnen und Schülern als „richtige" Lehrkraft wahrgenommen und akzeptiert zu werden.

Gerade der letzte Punkt ist insofern wichtig, als einmal verlorengegangene Autorität kaum mehr zurückgewonnen werden kann. Achte deshalb bei der Vorbereitung Deiner ersten Unterrichtsstunden auf die folgenden Dinge:

- Stelle Dich darauf ein, dass Du in den einzelnen Unterrichtsstunden jeweils nur die Hälfte des geplanten Inhalts behandeln kannst. Mit hoher Wahrscheinlichkeit musst Du deutlich mehr Zeit dafür aufwenden, Dich vorzustellen, den Schülerinnen und Schülern Deine Vorstellung von Pünktlichkeit, Ordnung und Disziplin zu vermitteln und Dich auf das Arbeitstempo der Kinder und Jugendlichen einzustellen. Dies bedeutet für Dich: Deine Flexibilität ist gefragt! Identifiziere die Elemente, die sich bei Bedarf streichen lassen, ohne dass die Stunde abgehackt wirkt und unrund wird. Am flüssigsten laufen die ersten Stunden eines Lehramtsanwärters erfahrungsgemäß, wenn Du zwischen Einstieg und Schluss viele kleinere Elemente hast, die sich von Dir flexibel handhaben lassen.
- Stelle Dich andererseits auch darauf ein, dass der für eine 45-minütige Unterrichtsstunde geplante Inhalt bereits nach 20 Minuten durchgearbeitet ist. Unter Umständen wurde der Stoff von einer früheren Lehrkraft vorgezogen, Deine Schülerinnen und Schüler arbeiten besonders schnell oder einzelne Phasen – vor allem Unterrichtsgespräche – fallen aufgrund geringer Beteiligung knapper als erwartet aus. Halte für derartige Fälle ausreichend Zusatzmaterial für die gesamte Klasse, aber auch für einzelne Schüler bereit. Achte darauf, dass die Unterrichtsstunde trotzdem rund wirkt und die zusätzlichen Aufgaben sich gut in den Ablauf einfügen.
- Setze im Verlauf der ersten Unterrichtsstunden ganz gezielt alle unterschiedlichen Sozialformen ein, um die Erfahrungen Deiner Klasse damit festzustellen. Der erste Beratungsbesuch und damit verbunden die erste Stunde vor Publikum folgt schneller, als Du denkst und bis dahin solltest Du genau wissen, wie

Deine Schülerinnen und Schüler sich in den unterschiedlichen Sozialformen verhalten bzw. welche Du noch gezielt schulen musst.

Planung ≠ Vorbereitung

Selbstverständlich legen die meisten PraktikantInnen, LehramtsanwärterInnen und JunglehrerInnen großen Wert auf die eigene Unterrichtsplanung. Dies ist auch richtig so, da es selbst bei erfahrenen Lehrkräften häufig nicht gut funktioniert, eine Stunde „aus dem Ärmel zu schütteln." Leider beschränkt sich die Unterrichtsvorbereitung in vielen Fällen auf die Planung des Stundenverlaufs, das Erstellen von Arbeitsblättern und das Vorbereiten einer Tafelanschrift.

Zu kurz kommt bei dem einen oder anderen Lehramtsanwärter die grundlegende Vorbereitung der Stunde und des Klassenzimmers.

Blick in den Kopf einer Lehrkraft – Unterrichtsvorbereitung

In der Schulküche wird eine Unterrichtsstunde im Fach *Soziales* zum Thema *Ernährungspyramide* gehalten. Unabhängig vom Mittelteil der Stunde, in der die Schülerinnen und Schüler einen Obstsalat zubereiten, ...

- werden an der Tafel Bilder von Lebensmitteln in eine angezeichnete Pyramide eingeordnet,
- wird ein Arbeitsblatt von den Schülerinnen und Schülern in Einzelarbeit ausgefüllt und
- dann gemeinsam am Overheadprojektor besprochen.

Die Stundenplanung der erfahrenen Studierenden an sich ist nicht wirklich herausragend, jedoch handwerklich ordentlich und sollte für einen durchschnittlichen Unterricht reichen, in dem die Schülerinnen und Schüler die Lernziele erreichen.

Der Blick von außen – reales Unterrichtsgeschehen

Während der Stunde selbst musste ich als fachfremder Beobachter stark an mich halten, den Unterricht nicht abzubrechen oder aus dem Stegreif zu übernehmen und selbst zu halten. Erlöst wurde ich von der Praktikumslehrkraft, die die Studierende in der Schlussphase bat, sich zu setzen und den Unterricht selbst zu Ende brachte. In der anschließenden Nachbesprechung musste ich der verständlicherweise aufgebrachten Studierenden erklären, dass dies das erste Mal gewesen sei, dass ich so etwas bei einer Praktikumslehrkraft gesehen hatte, dass ich die

Entscheidung aber absolut unterstütze. Ohne das Eingreifen der Lehrkraft wäre der Lernzuwachs der Schülerinnen und Schüler gleich null gewesen.

In anderen Worten: 80 Minuten lang war es der Studierenden nicht gelungen, den Schülern die geplanten Inhalte zu vermitteln. Trotz handwerklich sauberer Unterrichtsvorbereitung!

Was aber war schiefgelaufen?

Die Praktikantin hatte über all der formalen Unterrichtsvorbereitung das vergessen, was unter anderem unter den Begriff „vorbereitete Lernumgebung" fällt:

- Die auf der Rückseite der abgebildeten Lebensmittel aufgeklebten Magnete waren zu schwach, um diese an der Tafel zu halten.
- Ersatzmagneten musste die Unterrichtende sich von den anderen anwesenden Studierenden leihen.
- Die Stufen der an die Tafel gezeichneten Pyramide waren zu niedrig, so dass eine eindeutige Zuordnung der Bilder nicht möglich war. Die meisten Lebensmittel befanden sich somit auf zwei Stufen der Ernährungspyramide.
- Das Kabel des Overheadprojektors war nicht in der Steckdose eingesteckt, was die Studierende erst bemerkte, als die Schüler ihren Kampf mit den Knöpfen des Geräts nicht länger mit ansehen konnten und sie darauf hinwiesen.
- Als es an die Korrektur des Arbeitsblattes am Overheadprojektor ging, suchte die Studierende zunächst vergeblich ihre Folienstifte, bevor sie diese in der eigenen Schultasche fand.

Verlegte Folienstifte, ein nicht eingestecktes Gerät und schwache Magneten – auf den ersten Blick Kleinigkeiten, die doch eigentlich nicht annähernd so wichtig sind wie ein stimmiges Unterrichtskonzept, eine motivierende Anfangsphase und abwechslungsreiche Unterrichtsmethoden; Kleinigkeiten, die doch eigentlich nicht wirklich ins Gewicht fallen dürften. Dies mag für Referate während des Studiums oder Vorträge vor einem erwachsenen Publikum gelten. Auch hier werden derartige Fehler Kopfschütteln hervorrufen und dafür sorgen, dass die ZuhörerInnen den Redner oder die Rednerin kritisch beäugen. Dennoch werden Erwachsene solche Schwächen in den meisten Fällen zur Kenntnis nehmen, ihr Augenmerk jedoch auf den Inhalt legen.

Anders hingegen Kinder und Jugendliche: Diesen gelingt es angesichts eines derartigen Chaos und angesichts stetig wiederkehrender Unterbrechungen eben nicht, sich aus eigener Kraft auf den Unterrichtsinhalt zu konzentrieren. Außerdem verliert die Lehrkraft in einem solchen Fall schnell ihre Autorität und das Vertrauen der Schüler in sie – dies jedoch ist grundlegend für erfolgreichen Unterricht und erfolgreiche Erziehungsarbeit.

Ratschläge und Conclusio

Natürlich ist es gerade bei den ersten Unterrichtsstunden schwierig, an wirklich alles zu denken; natürlich fällt es der in ihrem eigenen Klassenzimmer unterrichtenden Lehrkraft leichter, alle benötigten Materialien griffbereit zu haben. Bemühe Dich dennoch, nicht erst lange suchen zu müssen:

- So verläuft Dein Unterricht reibungslos(er),
- die Schüler verlieren nicht den Respekt vor Dir,
- ihre Konzentration wird nicht unnötig gestört und
- Du wirst nicht (noch) nervös(er).

Wie jedoch machst Du das? Eine Ideallösung kann es nicht geben, aber einige Ratschläge möchte ich Dir ans Herz legen:

- Die Art und Weise, wie Du Deine Stundenplanung verschriftlichst, variiert von Bundesland zu Bundesland, teilweise sogar von Studienseminar zu Studienseminar. Aber selbst wenn von Dir verlangt wird, die eingesetzten Medien in einer gesonderten Spalte zu notieren, ist dies alleine nicht ausreichend. Drucke Dir Deine Stundenplanung deshalb einmal aus, gehe den Verlauf Schritt für Schritt durch und notiere dabei alle Dinge, die Du benötigen wirst oder die Du kontrollieren musst. Hier eine kurze Liste der Dinge, die gerne vergessen werden – gut abhakbar findest Du diese Liste auch im Internet als Download unter www.utb-shop.de/9783825254056:
  - Kreide, Folienstifte und gegebenenfalls Tafelschreiber
  - zusätzliche Arbeitsblätter, falls es Schülern gelingt, ihr Blatt innerhalb der Unterrichtsstunde zu verlieren, zu zerreißen oder anderweitig unbrauchbar zu machen
  - Arbeitsblätter der Vorstunde, falls Schülerinnen oder Schüler erkrankt waren
  - Anwesenheitslisten und Sitzpläne
  - Adapter für den Anschluss des eigenen Notebooks an Beamer oder Smartboards
  - Materialien für Lehrerdemonstrationen
  - Magneten, Tesafilm etc.
- Überprüfe die Funktionstüchtigkeit der technischen Geräte und mach Dich mit ihrer Funktionsweise vertraut.
- Im Normalfall wirst Du Deinen Unterricht in einem Klassenzimmer halten, das Du bereits kennst. Dies gibt Dir die Chance von Anfang an zu überlegen, wo Du die Dinge am besten platzierst. Nutze sie! Gewöhne es Dir an, beispielsweise Folienstifte, noch nicht ausgeteilte Arbeitsblätter oder Differenzierungsmaterialien an festen Plätzen abzulegen. Setze nicht darauf, die Dinge im Eifer des Gefechts und mit steigender Nervosität schon irgendwie zu finden.

Mein Arbeitsauftrag für Dich:

Was nimmst Du von diesem Unterrichtsbeispiel mit?

Was bedeutet das für Dich?

Findest Du Dich in Diesem Beispiel wieder? An welcher Stelle?

Welche Deiner Stärken trägt dazu bei, dass Dir etwas Derartiges nicht passieren kann?

Welche Deiner Schwächen sorgt dafür, dass Dir etwas Ähnliches ebenfalls passieren könnte?

Kiss – Keep it short and simple

Das Grundprinzip *Kiss – Keep it short and simple* wirst Du in keinem Lehrbuch zu Schulpädagogik, Unterrichtsvorbereitung oder Schule finden. Es entstammt dem Zeit- und Effektivitätsmanagement, ist jedoch für Lehrkräfte und gerade für Lehramtsanwärter besonders wichtig. Es besagt nichts anderes, als dass der einfache Weg im Unterricht meist der beste Weg ist, dass nicht alles künstlich verkompliziert werden muss.

Blick in den Kopf einer Lehrkraft – Unterrichtsplanung

In einer Sportstunde sollte als dritte Stunde einer Sequenz zum Thema *Fußball* der Doppelpass gelernt, geübt und im Spiel eingesetzt werden. Nach allgemeinem und speziellem Aufwärmen und einer kurzen Wiederholung der Techniken der letzten beiden Stunden, sollten die Schüler für das Thema Doppelpass motiviert werden. Hierzu wurden ihnen kurze Ausschnitte aus mehreren Spielen des FC Barcelona gezeigt, in denen dieser durch Doppelpässe zum Torerfolg durch Messi, Suarez und Neymar kam.

Selbstverständlich handelte die Lehrkraft, die die einzelnen Spielsequenzen in mühsamer Nachtarbeit bei YouTube zusammengesucht und ausgewählt hatte, sinnvoll:

- Messi, Neymar und Suarez sind wirklich jedem Schüler bekannt und werden von ihnen geradezu angehimmelt.
- Der FC Barcelona steht als technisch starke Mannschaft für gepflegte Doppelpässe.
- Zwei Schüler der Klasse erscheinen regelmäßig im Trikot des FC Barcelona zum Sportunterricht.

Alles in allem doch wirklich eine nette, wenngleich zeitaufwändige Idee, um die Schüler zum Trainieren des Doppelpasses zu motivieren.

Der Blick von außen – reales Unterrichtsgeschehen

So gut die Absicht des Lehramtsanwärters auch gewesen sein mag, die Außenstehenden – Betreuungslehrer, Seminarleiter und andere Lehramtsanwärter – wurden Zeugen einer Stunde, die aus dem Ruder lief:

- Das schuleigene WLAN war in der Turnhalle so schwach, dass ein Abspielen der Videosequenz erst nach mehrmaligen Fehlversuchen und dem Aufbau eines Hotspots über das Smartphone eines anderen Referendars möglich war.
- Der Bildschirm des Notebooks war so klein, dass ein Großteil der Schüler kaum etwas sehen konnte.
- Der Blick auf „ihre" Stars lenkte die Aufmerksamkeit der Schüler auf wirklich alles – Neymars Haarschnitt, Suarez' Bewegungen und die Frage, ob Messi oder Ronaldo wohl der bessere Fußballer sei – nur nicht auf das gezeigte, leider schwer zu erkennende Doppelpassspiel.
- Außerdem führte das lange Warten und Stillsitzen in einer Sportstunde zu Unruhe und gegenseitigem Trietzen der Schüler.

Insgesamt kam die Seminarleitung zu dem leider berechtigten Urteil, dass der Einsatz des Videos ein totaler Fehlgriff war:

- Durch die technischen Probleme/die mangelnde Vorbereitung wurde für den Sportunterricht wertvolle Bewegungszeit vergeudet.
- Die Schüler wurden nicht für den Doppelpass motiviert, da ihr Augenmerk nicht ausreichend auf diesen gelenkt wurde.
- Die entstehende Unruhe und Frustration konnte durch die Lehrkraft nicht mehr aufgefangen werde, und zog sich bis zum Ende der Stunde durch den Unterricht.
- Mehrfach musste das abschließende Fußballspiel der Schüler unterbrochen werden, damit die Lehrkraft ihr Notebook in Sicherheit bringen konnte.

Ratschläge und Conclusio

Selbstverständlich tun sich Außenstehende mit Ratschlägen immer einfach – und laufen dabei Gefahr, wie Besserwisser und Erbsenzähler zu wirken. Dennoch möchte ich zwei mögliche Ansätze vorstellen:

1. Wenn tatsächlich und trotz der widrigen Umstände, die eine Turnhalle so bietet, ein Video eingesetzt werden soll, muss dies gezielter geschehen:

   - Unter Umständen über einen Beamer in einem Nebenraum, einer Umkleide oder in diesem Fall sogar dem Treppenhaus.
   - Definitiv als Download, um sich unabhängig von WLAN und Hotspot zu machen.
   - Mit klarem Beobachtungsauftrag.
   - Nach Überprüfung der Lehrkraft, ob wirklich alle freie Sicht auf das Geschehen haben.

2. Als Alternativen zum Einsatz eines Videos bieten sich unter vielen anderen die folgenden an:

   - Lehrerdemonstration eines Doppelpasses mit Bande
   - Lehrerdemonstration eines Doppelpasses mit einem leistungsstarken Schüler
   - Auch ein kurzes, motivierend gestaltetes Unterrichtsgespräch, in dem nach dem besten Fußballer der Welt gefragt und darauf hingewiesen wird, dass selbst Messi und Ronaldo ohne Mitspieler kein Spiel gewinnen könnten, ließe sich als Motivation für den Doppelpass gestalten.
   - Selbst der kurze, prägnante Hinweis: „Heute wollen wir das Passspiel aus der letzten Woche noch verfeinern. Wir werden die Technik lernen, mit der die besten Teams der Welt zum Torerfolg kommen: den Doppelpass!", würde nicht nur wertvolle Bewegungszeit sparen, sondern die Schüler stärker motivieren.

Allgemein lässt sich sagen, dass Unterricht nicht immer kompliziert sein muss. So meinte vor vielen Jahrzehnten meine eigene Betreuungslehrkraft sehr treffend und im Folgendem aus dem Gedächtnis zitiert:

> *Halte Dein Konzept so einfach wie möglich. Wenn Du Deine Unterichtsidee anderen nicht in ein oder zwei Sätzen erklären kannst, ist sie zu umständlich. Deine Schüler müssen schließlich auch verstehen, worauf Du hinaus willst.*
>
> Bene K. (Betreuungslehrer)

Mein Arbeitsauftrag für Dich:

Was nimmst Du von diesem Unterrichtsbeispiel mit?

Was bedeutet das für Dich?

Findest Du Dich in Diesem Beispiel wieder? An welcher Stelle?

Welche Deiner Stärken trägt dazu bei, dass Dir etwas Derartiges nicht passieren kann?

Welche Deiner Schwächen sorgt dafür, dass Dir etwas Ähnliches ebenfalls passieren könnte?

Differenzierung – Steckenpferd der Theoretiker, Überlebenshilfe der Praktiker

Ja, das Unterrichtsprinzip Differenzierung gilt nicht zu Unrecht als Lieblingsprinzip aller Dozentinnen und Dozenten aus dem Hochschulbereich. Binnendifferenzierung, äußere Differenzierung und Differenzierung nach Methoden, Inhalten, Zielen und am besten auch noch Individualisierung – mit Sicherheit kannst Du nach erfolgreichem Studium all die zugrundeliegende Theorie herunterbeten. Zu schön lassen sich ihre Inhalte darstellen, zu schön lassen sich daraus Folgerungen (oder Forderungen) für die Schulpraxis ableiten – zumindest im geschützten Elfenbeinturm der Universitäten.

In der Schulpraxis gilt es vor allem, die Leistungsfähigkeit und das Arbeitstempo der Lernenden zu berücksichtigen. Dabei sind Differenzierungsmaßnahmen keine freiwillige Leistung der Lehrkraft. Vielmehr bist Du dazu verpflichtet, auf die individuellen Voraussetzungen Deiner Schülerinnen und Schüler einzugehen. Nur so erreichst Du bei den Dir Anvertrauten den bestmöglichen Wissenszuwachs und Kompetenzaufbau.

Differenzierung dient aber nicht nur dem Lernerfolg Deiner Schülerinnen und Schüler, sondern hilft auch Dir. Mach doch einfach die Probe aufs Exempel und besuche einen Kurs Chinesisch für Fortgeschrittene bei der Volkshochschule. Schnell wirst Du merken, wie Deine Frustration steigt und Du Dich mit anderen, die Lerngruppe störenden Dingen beschäftigst. Bedenke deshalb stets ...

- ein überforderter Schüler wird aus Frustration Deinen Unterricht stören,
- ein unterforderter Schüler wird sich aus Langeweile mit spannenderen Dingen beschäftigen,
- ein schneller Schüler wird sich möglichen Leerlauf mit störenden Aktivitäten versüßen,
- ein langsamer Schüler wird irgendwann aus dem Unterrichtsgeschehen aussteigen.

Außerdem wirst Du in der Folgestunde vor dem Problem stehen, dass ein Teil Deiner Schüler das bisher Vermittelte beherrscht, während einige Schülerinnen und Schüler bestreiten werden, jemals davon gehört zu haben.

Blick in den Kopf einer Lehrkraft – Unterrichtsplanung

In einer Englischstunde wurde eine Kurzgeschichte gelesen und sollte inhaltlich erschlossen werden. Nach einem kurzen Warm-Up war geplant, die Protagonisten vorzustellen und schwierige Vokabeln aus dem Wortfeld *Geister und Gespenster* zu klären.

Für die anschließende Bearbeitung der Kurzgeschichte hatte die Lehramtsanwärterin keine Mühe gescheut und sich wirklich Gedanken gemacht:

- Bei der selbst verfassten, wirklich gut geschriebenen Kurzgeschichte handelte es sich um eine sehr motivierende Gruselgeschichte.
- Diese war gut verständlich geschrieben und auf ein sehr ansprechend gestaltetes Arbeitsblatt gedruckt.
- Die Akteure in der Geschichte waren 16 Jahre alt und somit im gleichen Alter wie das Gros der Klasse.
- Die wirklich spannende und durchdachte Geschichte spielt auf einer alten Burg, die eine Schulklasse im Rahmen ihrer Klassenfahrt besuchte. Etwas, das in eben dieser Klasse tatsächlich für die Zeit nach Notenschluss anstand.

Selbst die Differenzierung war nicht vergessen worden:

Auf der Rückseite des Arbeitsblattes hatten schwächere Schülerinnen und Schüler die Möglichkeit, bei Bedarf für eine Vielzahl an Vokabeln die Wortbedeutung auf zwei Schwierigkeitsstufen nachzuschauen:

1. Zunächst fand sich hinter den Vokabeln eine englischsprachige Erklärung.
2. Dann wurde die deutsche Übersetzung in Geheimschrift angezeigt.

Insgesamt eine tolle Idee, in die sowohl beim Schreiben der Geschichte als auch beim Gestalten des Arbeitsblattes viel Liebe und sehr viel Zeit investiert wurde.

Der Blick von außen – reales Unterrichtsgeschehen

So gut geplant die Unterrichtsstunde auf den ersten Blick auch war, lief sie dennoch völlig aus dem Ruder. Sie erforderte sogar den Einsatz der ehemaligen Betreuungslehrkraft, die eigentlich lediglich als Beobachterin und um Feedback zu geben im Klassenzimmer war. Leider fanden sich zwei Schüler, die den gesamten Unterricht torpedierten:

- Sie redeten ständig dazwischen,
- sprachen arbeitende Mitschüler an und störten diese permanent,
- weigerten sich, sich am Unterrichtsgespräch zu beteiligen und
- bemalten ihre Arbeitsblätter, statt diese zu lösen.

Der Alptraum der Lehrerin endete erst, als die Betreuungslehrerin mit den beiden Störenfrieden den Raum verließ. Aber auch die anderen waren nicht wirklich bei der Sache, schienen teilweise überfordert – kurz gesagt: die Stunde lief einfach nicht rund.

Mir als Beobachter, der die Klasse an sich nicht kannte, fiel kein wirklich elementarer Fehler der Lehramtsanwärterin auf – bei den beiden Schülern handelte es sich wohl um zwei besonders schlimme Störenfriede. Erst von der ehemaligen Betreuungs- und aktuellen Klassenlehrerin wurde ich darauf hingewiesen, dass die Muttersprache der beiden Schüler Englisch ist. Sie waren in dieser Stunde schlicht unterfordert und langweilten sich. Die Schilderung dieser Englischstunde ist ein gutes Beispiel für zwei typische Fehler, die Studierende bei der Umsetzung des Unterrichtsprinzips *Differenzierung* machen:

1 Die Differenzierung fand nur für die schwächeren Schüler und Schülerinnen statt. Diese hatten die Möglichkeit, unbekannte Vokabeln auf der Rückseite des Arbeitsblattes nachzuschlagen. Für die beiden besonders starken Schüler wurde keine Differenzierungsmaßnahme angeboten.

2 Die Differenzierungsmaßnahmen waren

- zeitaufwändig – die Lehrkraft tippte die vermeintlich schwierigen Vokabeln ab, notierte Erklärungen und verschlüsselte die Übersetzungen.
- realitätsfern – in welcher Situation der realen Welt finden sich Übersetzungen einzelner Begriffe auf der Rückseite eines Textes? Glücklicherweise kam die Lehrerin in der Nachbesprechung selbst auf die grandiose Idee, die Schülerinnen und Schüler ihr Wörterbuch oder, sogar noch alltagsnäher, ihr Smartphone nutzen zu lassen:

> *Irgendwie denke ich bei der Unterrichtsplanung viel zu kompliziert. Jeder Schüler hat ein Wörterbuch und kann damit umgehen. Und ich drucke die Vokabeln, die ICH schwierig finde extra auf die Rückseite.*
>
> Lisa G.

Ratschläge und Conclusio

Hand auf Herz: Wenn Du Dich an der Universität in einer Vorlesung oder einem Seminar so richtig gelangweilt hast, wie hast Du dann reagiert? Hast Du Dein Smartphone gezückt? Mit Deinem Nebenmann geredet? Oder die Veranstaltung frühzeitig verlassen?

Wenn Du auch nur eine dieser Fragen mit „ja" beantwortest, kannst Du eigentlich nicht ernsthaft von Kindern und Jugendlichen erwarten, dass sie sich ruhig verhalten und einem Unterricht folgen, der sie über- oder unterfordert. Es bleibt an Dir, dies zu ändern – durch sinnvolle Differenzierung:

- Am besten heftetest Du zuhause ein Klassenfoto über den Schreibtisch. So hast Du stets vor Augen, für wen Du den Unterricht vorbereitest. So wirst Du auf den ersten Blick merken, dass eine Übung für Schüler A zu leicht ist, für Schülerin B aber zu schwierig und Du an dieser Stelle differenzieren musst.
- Vergiss bei all Deinem Einsatz für die schwächeren Schüler nicht die stärkeren. Auch diese haben es verdient, auf ihrem Niveau gefördert zu werden.
- Betrachte Differenzierung als Zusatz – aber als notwendigen. Das bedeutet, dass Du zuerst Deinen ‚Kernunterricht' vorbereitest. Sieh diesen als Dein Kerngeschäft. Anschließend erarbeitest Du für jeden Lernschritt Differenzierungsmöglichkeiten für stärkere und schwächere Schülerinnen und Schüler. Abschließend betrachtest Du Deinen Unterricht kritisch, wirfst dabei einen Blick auf das Klassenfoto und überlegst kurz, ob Deine Differenzierungsmaßnahmen wirklich ausreichend sind oder ob Du nicht noch für den einen oder anderen Schüler weitere einplanen solltest. Gerade bei Differenzierungsmaßnahmen ist es notwendig, das richtige Maß zu finden. Dieses liegt irgendwo zwischen aufwändigst vorbereiteten Zusatzaufgaben, bei denen Du zum Teil nicht einmal weißt, ob sie tatsächlich eingesetzt werden, und dem unvorbereiteten „Mal halt ein Mandala aus, bis die anderen auch soweit sind."
- Bedenke, dass gerade Differenzierungsaufgaben für schnellere Schülerinnen und Schüler besonders motivierend sein müssen, da sie andernfalls das Gefühl bekommen, mit weiteren ‚langweiligen' Aufgaben für ihr hohes Arbeitstempo bestraft zu werden.

Alltagsnahe Differenzierung kann (und muss) oft ganz einfach sein! Es ist nicht immer nötig, in mühevoller Kleinstarbeit etliche aufwändige Arbeitsblätter zu erstellen. Je nach Fach kann es bereits eine sehr effiziente Differenzierungsmaßnahme sein, an einer Seitentafel unter der Überschrift „für die ganz Schnellen" eine zusätzliche Aufgabe zu notieren oder Kärtchen mit Hilfestellungen auszulegen.

Auch Computerprogramme wie ZARB oder Internetseiten wie

- https://www.xwords-generator.de
- https://www.kreuzwort-raetsel.com

- https://www.suchsel.net
- http://puzzlemaker.discoveryeducation.com

geben Dir die Möglichkeit, mit wenig Aufwand Kreuzworträtsel, Suchsel und ähnliche, motivierende Aufgaben für Arbeitsblätter mit unterschiedlichem Schwierigkeitsgrad zu erstellen.

Achte darauf, dass Differenzierungsaufgaben selbsterklärend sind, so dass Du nicht neben dem eigentlichen Kernunterricht noch ständig weitere Instruktionen für unterschiedliche Schülergruppen geben musst. Außerdem ist es gerade hier sinnvoll, Möglichkeiten zur Selbstkontrolle anzubieten.

> Mein Arbeitsauftrag für Dich:
>
> Was nimmst Du von diesem Unterrichtsbeispiel mit?
>
> ---
>
> Was bedeutet das für Dich?
>
> ---
>
> Findest Du Dich in Diesem Beispiel wieder? An welcher Stelle?
>
> ---
>
> Welche Deiner Stärken trägt dazu bei, dass Dir etwas Derartiges nicht passieren kann?
>
> ---
>
> Welche Deiner Schwächen sorgt dafür, dass Dir etwas Ähnliches ebenfalls passieren könnte?
>
> ---

Medienschlacht vs. Medieneinsatz

Natürlich kann dieses kleine Kapitel zum Thema Medieneinsatz nicht annähernd so weit gehen, wie ein mediendidaktisches Seminar an der Universität. Als Praktiker mag ich hier jedoch andere Ansatzpunkte haben, als Deine Professoren und Professorinnen. Einleitend jedoch eine Anekdote aus meinem eigenen Praktikum zu Studienzeiten (1990er-Jahre):

> *Bei der Nachbesprechung einer Sportstunde stürmte eine aufgebrachte Lehrerin in den Raum und machte unserer Betreuungslehrkraft Vorwürfe, da diese das Amt des Medienwarts innehatte und die technischen Geräte wie so oft nicht funktionierten.*

Gemeinsam mit uns vier Studierenden im Schlepptau machte sich unsere arme Lehrkraft nun auf den Weg zum Klassenzimmer der Kollegin. Erwartungsvoll saßen dort Neuntklässler, die sich kaum noch zurückhalten konnten. Schnell standen auch wir kurz davor, vor Lachen zu platzen:

Die Lehrerin hatte eine Audiokassette (falls Du diese nicht mehr kennen solltest => google ist Dein Freund) in das Aufnahmefach eines CD-Spielers gelegt und hämmerte nun wutentbrannt mit der flachen Hand vergeblich auf dieses, um es zu schließen.

So unwirklich und lächerlich diese Anekdote auf Dich auch wirken mag, führe Dir Folgendes vor Augen:

Wenn Du heute Mitte 20 sein solltest, wirst Du aller Voraussicht nach noch gute 40 Jahre unterrichten. Ohne Dir Angst machen zu wollen: Das ist eine unheimlich lange Zeit, in der sich unheimlich viel ändern wird. Spaßeshalber habe ich in folgender Übersicht die technischen Errungenschaften gegenübergestellt, die eine heute 65-jährige Lehrkraft zu Zeiten ihrer Ausbildung in den 1980ern nicht kannte oder nutzen konnte, und die, die sie heute einsetzen kann. Besonders deutlich wird der Unterschied meiner Meinung nach bei den Dingen ohne Schulbezug.

Dinge, die in den 1980er-Jahren nicht/kaum existierten	**Dinge, die Lehrkräften in den 1980er-Jahren stattdessen zur Verfügung standen**
Handy, Smartphone und Co.	einer Art Stempel, mit dem Aufgaben, Texte und Abbildungen auf leere Blätter gestempelt werden konnten, um Arbeitsblätter zu produzieren
Notebook, Tablet, Desktopcomputer	
WhatsApp und Co.	Overheadprojektoren und Episkope (laut Wikipedia „optische Geräte zur Projektion von meist undurchsichtigen Medien" – aus eigener Erfahrung als Schüler riesige Kästen, die Schulbuchseiten an die Wand warfen – wenn sie denn funktionierten)
Online-Dating	
DVDs, MP3 und MP4	Diaprojektoren
Euro, Tesla, Uber und Foodora	Schallplatten, Audiokasetten und Videokassetten
Facebook, Instagramm und Tinder	Filmprojektoren, die laut knatternd flackernde Filme an die Wand warfen und deren Einsatz häufig im Bandsalat endete
YouTube und Musik-Streaming	
Farblaserdrucker	
Beamer, Smartboard und Dokumentenkamera	

Geh also mit der Zeit und mache Dich konstant mit technischen Neuerungen, ihrem didaktischen Mehrwert und vor allem ihrer Funktionsweise vertraut – die Kollegin aus meiner einleitenden Anekdote sei Dir Warnung genug.

Anders als in den bisherigen Unterkapiteln werde ich hier nicht von einem einzigen schulpraktischen Beispiel ausgehen. Dazu ist der Bereich *Medien* zu komplex und bietet zu viele Chancen sowie Risiken. Vielmehr will ich Dir helfen, anhand mehrerer schulpraktischer Situationen Schlussfolgerungen zu ziehen.

Medieneinsatz in der Anfangsphase

Eine Unterrichtsstunde im Fach GSE (Geschichte, Erdkunde und Sozialkunde) wurde mit dem Bild eines Vulkans eingeleitet. Dieses wurde mittels Overheadprojektor an die Wand geworfen und stückweise aufgedeckt, so dass die Schülerinnen und Schüler Bild und Stundeninhalt erraten konnten.

Dieser Unterrichtseinstieg hat recht ordentlich funktioniert, bietet jedoch zwei Ansatzpunkte für Kritik:

1. Das Erraten des Stundenthemas steht in keinem Bezug zum eigentlichen Stundeninhalt. Sinnvoller wäre es wohl gewesen – wenn schon eine Art Rätsel eingesetzt werden soll – nach und nach Merkmale von Vulkanen und Aussagen über Vulkane vorzulesen, anhand derer die Lernenden das Stundenthema erkennen und Vorwissen aktivieren sollen.
2. In der Anfangsphase des Unterrichts – gerade zu Beginn einer mehrstündigen Sequenz – geht es auch darum, die Schüler zu begeistern, ihr Interesse zu wecken. Hierzu ist ein statisches Bild wenig geeignet. Das kurze Video eines laut donnernd ausbrechenden Vulkans, der Asche und Feuer in die Luft spuckt, und glühende Lava, die sich ihren Weg bahnt, wäre deutlich besser geeignet.

Schlussfolgerungen:

- In der Anfangsphase geht es nicht darum, das Thema zu erraten, sondern die Schüler zum Thema hinzuführen, sie für dieses aufzuschließen, sie dafür zu begeistern ...
- Gerade kraftvolle, energiegeladene, dynamische Vorgänge werden besser in Filmen als auf Bildern dargestellt.

Aufwand vs. Ertrag

Im Fach *Soziales* wurde, wie in einer anderen bereits angeführten Stunde, die Ernährungspyramide der DGE behandelt. Dabei setzte die Lehramtsanwärterin – mit großem Erfolg – eine aus Holz angefertigte Ernährungspyramide ein.

Die Antwort auf die Frage der Betreuungslehrerin, wie lange der Bau gedauert habe, führte in der Nachbesprechung der Stunde zu großem Erstaunen: Die Anwärterin hatte gemeinsam mit ihrem Partner über Monate hinweg an dieser Pyramide gebaut und mehrere hundert Euro in Materialien investiert.

Selbstverständlich steht es Dir frei, all Deine Freunde, Verwandten und Bekannten einzuspannen; selbstverständlich steht es Dir frei, Dir einen Nebenjob zu suchen, um damit Deine Unterrichtsmaterialien zu finanzieren. Für eine gute Idee halte ich dies nicht. Berücksichtige hier das KISS-Prinzip oder aber das Pareto-Prinzip. Gerade für die Ernährungspyramide finden sich etliche vorgefertigte zwei- und dreidimensionale Materialien, die vielfach im Unterricht erprobt wurden. Allein die Genugtuung, die eingesetzte Pyramide selbst gestaltet zu haben, rechtfertigt nicht den Aufwand.

Wie so oft bei KISS und Pareto geht es nicht darum, Zeit zu sparen, um sich auf die faule Haut legen zu können. Vielmehr findest Du in Deiner Situation sicherlich etwas, in das Du die so gewonnene Zeit sinnvoller investieren kannst. Nebenbei: Die allerwenigsten Seminarleiter und -leiterinnen lassen sich von etwas Derartigem beeindrucken. Sie bewerten das Ergebnis, nicht Deinen Fleiß. Auch der Einwand, eine solche Pyramide lasse sich ein Lehrerleben lang einsetzen, kann nicht wirklich überzeugen: Auch eine gekaufte, bestellte, einfacher gestaltete Pyramide kann wiederholt eingesetzt werden.

Inhalt vs. Form

Wir schreiben das Jahr 2017 – die US-Amerikaner küren Trump zu ihrem Präsidenten, Angela Merkel startet in ihre 3 Amtszeit als Bundeskanzlerin und die deutsche Fußballnationalmannschaft gewinnt den Confed Cup – und eine Lehramtsanwärterin setzt eine Videokassette ein, um ihren Schülerinnen und Schülern den Ausschnitt einer Dokumentation über Astrid Lindgren vorzuführen.

Ich will und werde an dieser Stelle nicht darauf eingehen, ob die Dokumentation gut gemacht war und sinnvoll eingesetzt wurde; es ist nicht relevant, weshalb an der Praktikumsschule Videorekorder und Fernsehgerät vorhanden waren. Wichtig ist nur, dass allein der Einsatz einer Videokassette den Schülerinnen und Schüler sowie uns Beobachtern die Sprache verschlug. Fortan war in der Klasse mehr der Einsatz einer Videokassette das Gesprächsthema als der Inhalt des Ausschnitts.

Auch wenn Du nicht auf die Idee kommen würdest, eine Videokassette einzusetzen, solltest Du daran denken, dass es nicht allein der Inhalt ist, der zählt. Die Verpackung, aber auch anscheinend nebensächliche Details, können gerade Kinder und Jugendliche stark ablenken.

Ein ähnliches Beispiel sind Phasenbilder in den praktischen Fächern. Hier schwanken die Vorlieben der Lehrkräfte stets zwischen realitätsnahen fotografierten Bildern und stilisierten Abbildungen. Die Erfahrung zeigt, dass das Foto strickender Hände in vielen Klassen zu Diskussionen führen wird, ob es sich dabei um die Hände der Lehrkraft handelt, ob diese den darauf zu sehende Ring schon immer trägt oder ob diese mittlerweile faltige Hände hat. Auch Phasenbilder, die die Lehrkraft bei der Demonstration einer Sporttechnik zeigen, geben häufig Anlass zur Frage, ob der Trainingsanzug neu sei oder wie teuer die Turnschuhe seien ... nicht jedoch wie beabsichtigt zu Schrittstellung oder Handhaltung.

Schulbuch, Schulbuch und nochmals Schulbuch

Wenngleich Deine Generation dies häufig zu vergessen scheint, gehört auch das gute alte Buch zu den Medien. Zum Schulbuch im Speziellen gibt es eigentlich nur eines zu sagen:

NUTZE ES!

Wenn Du wie viele andere dies sowieso schon tust, wirst Du bei diesem Rat vermutlich irritiert den Kopf schütteln. Vermutlich kannst Du Dir gar nicht vorstellen, wie viele Lehramtsanwärter und Junglehrer auf den Einsatz des zur Verfügung stehenden Schulbuchs gänzlich verzichten. Wenn Du jedoch zur Spezies der Schulbuchverweigerer zählst, solltest Du Dir Folgendes vor Augen führen:

- Nein, Deine Arbeitsblätter sind in der Regel nicht besser als das Schulbuch. An diesem haben erfahrene Lehrkräfte und teilweise Didaktiker über Jahre gearbeitet, Aufbau, Struktur und Inhalt in unzähligen Sitzungen durchgesprochen und es unzählige Male überarbeitet. Der Verlag hat es mehrfach Korrektur gelesen und illustriert, das Kollegium Deiner Schule hat dieses Lehrwerk unter vielen ausgewählt.
- Schulbücher existieren im Klassensatz, ohne dass wahre Kopierorgien finanzielle und zeitliche Ressourcen in Anspruch nehmen und die Umwelt schädigen.
- Schulbücher sind fest gebunden, wodurch sie seltener als Deine Arbeitsblätter in den Schwarzen Löchern namens Schultasche verschwinden.
- Zu Schulbüchern existieren in der Regel Zusatzmaterialien wie Lösungen, Differenzierungsmaterial und Arbeitsblätter.

Natürlich ist es sinnvoll, über den Tellerrand hinauszuschauen und sich nicht ausschließlich auf das an der Schule vorhandene Lehrwerk zu konzentrieren. Deshalb habe ich Dir bereits empfohlen, Dir noch zwei Schulbücher anderer Verlage zu organisieren. Kein Schulbuch ist perfekt und manchmal ist es tatsächlich sinnvoll, Alternativen zu haben. Basis sollte jedoch tatsächlich das Schulbuch sein, mit dem an Deiner Schule üblicherweise gearbeitet wird.

> *Im Referendariat habe ich mir eingebildet, zu wirklich jeder Stunde ein eigenes Arbeitsblatt erstellen zu müssen. Das Schulbuch hatte in meinen Augen nicht genug Qualität. Da habe ich mich natürlich tot gearbeitet. Als ich dann anschließend 28 Wochenstunden unterrichtet habe, wäre dies gar nicht mehr möglich gewesen. Sinnvoll war es sowieso nie.*
>
> Julia F.

Abschließendes

Einleitend habe ich Dir geraten, mit der Zeit zu gehen und Dich konstant mit technischen Neuerungen vertraut zu machen – nun gebe ich Dir den Rat, technischen Neuerungen gleichzeitig auch kritisch gegenüberzustehen und diese nicht einfach nur einzusetzen, weil sie gerade *in* sind. Überlege stets, welchen Mehrwert sie Deinen Schülern bieten.

Mein Arbeitsauftrag für Dich:

Was nimmst Du von diesem Unterrichtsbeispiel mit?

Was bedeutet das für Dich?

Findest Du Dich in Diesem Beispiel wieder? An welcher Stelle?

Welche Deiner Stärke trägt dazu bei, dass Dir etwas Derartiges nicht passieren kann?

Welche Deiner Schwächen sorgt dafür, dass Dir etwas Ähnliches ebenfalls passieren könnte?

Der inhaltliche Puffer – nützliches Add on statt zentrales Element

Obwohl Junglehrer eher dazu neigen, zu viel Inhalt in eine Unterrichtsstunde zu packen und deshalb zu überziehen, ist es sicherlich kein Fehler, für den Fall gewappnet zu sein, dass die geplante Unterrichtsstunde schon vor dem Klingeln zu Ende ist.

Blick in den Kopf einer Lehrkraft – Unterrichtsplanung

Eine erfolgreiche Physikstunde neigt sich dem Ende zu und eigentlich kann der Referendar stolz auf sich sein:

- Seine Lehrerpersönlichkeit? Sicher, souverän und mit einer guten Portion Humor!
- Sein Unterricht? Perfekt durchgeplant und flüssig gelaufen!
- Die Begeisterung seiner Schülerinnen und Schüler? Hoch! Durchgängig hohe Aufmerksamkeit und leuchtende Augen während der Durchführung des Experiments!
- Der Lernerfolg der Klasse? Beim gemeinsamen Kontrollieren des Sicherungsarbeitsblattes treten keine Fehler zu tage.

Eigentlich geht es jetzt nur noch darum, die vier verbliebenen Minuten zu überstehen und sinnvoll zu nutzen. Dazu teilt der Lehrer die Klasse in drei Gruppen ein, fährt Beamer und Computer hoch und startet ein wohldurchdachtes, gelungen animiertes Quiz zum Stundeninhalt im Stile von *Wer wird Millionär?*

Der Blick von außen – reales Unterrichtsgeschehen

In dem Moment, als die neben mir sitzende Betreuungslehrerin ihren Notizblock schließt, kündigt der Referendar ein abschließendes Quiz an und fährt den Computer hoch. Wie dies in den wenigen verbliebenen Minuten funktionieren soll, ist uns sofort ein Rätsel.

Tatsächlich überzieht er die Stunde um mehrere Minuten, da er das Quiz, bei dem die Schülerinnen und Schüler hochmotiviert zur Sache gehen, nicht abbrechen will. Dies klingt nach einer Kleinigkeit – im (leider) stark durchgetakteten Schulalltag ist es dies jedoch nicht. So kommen die Schülerinnen und Schüler zu spät zur nächsten Unterrichtsstunde, der Physikraum kann von der nächste Klasse nicht pünktlich genutzt werden und die Schülerinnen und Schüler sind genervt und aufgebracht, weil sie das spannende Quiz gerne zu Ende gebracht und eine Siegergruppe gekürt hätten.

Eine der Begründungungen der Lehrkraft, weshalb das Quiz trotz der knappen verbleibenden Zeit durchgeführt worden ist, war der enorme Zeitaufwand, der in die Erstellung der Quizfragen und der Powerpoint-Präsentation investiert worden ist.

Ratschläge und Conclusio

Natürlich sollte Dich dieses schulpraktische Beispiel nicht verführen, für Deine Stunden keinen inhaltlichen Puffer zu planen. Allerdings solltest Du dies wirklich als Puffer betrachten, der gerne wegfallen kann, da das geplante Ende des Unterrichts bereits vorher erreicht ist.

Darüber hinaus ist es wenig sinnvoll, massig Zeit in ein Unterrichtselement zu integrieren, das Du unter Umständen gar nicht einsetzen wirst. Im Folgenden habe ich mögliche inhaltliche Puffer zusammengestellt, die sich flexibel am Ende einer jeden Stunde einsetzen lassen:

Schülerfeedback ist generell eine wichtige Sache, die in der Regel gut geplant sein sollte. Aber auch als spontaner Puffer lässt es sich gut einsetzen:

- Bei wenigen verbliebenen Minuten kannst Du einfache Aussagen („Ich habe heute viel dazu gelernt!", „Ich habe das Zusammenwirken der politischen Akteure verstanden!") zu Deinem Unterricht formulieren, denen Deine Schülerinnen und Schüler mit nach oben oder nach unten zeigendem Daumen zustimmen oder widersprechen. Alternativ können Deine Schüler als Zeichen der Zustimmung auch aufstehen – zur eigenen Meinung stehen – oder sitzenbleiben.
- Gleiches kannst Du auch mit der Barometer-Methode machen. Dabei heftest Du ein Schild mit dem Aufdruck „JA" an das eine Ende des Klassenzimmers, eines mit dem Aufdruck „NEIN" an das andere Ende. Nun führst Du Aussagen zu Deinem Unterricht an und die Schülerinnen und Schüler müssen sich zwischen diesen beiden Extrempolen positionieren.
- Alternativ zeichnest Du ein Koordinatensystem an die Tafel und erläuterst Deinen Schülerinnen und Schülern in ein oder zwei Minuten, dass Sie beim Rausgehen bitte mit Kreide ein Kreuz setzen mögen: Dabei ist die x-Achse die Achse für den Unterrichtserfolg (sehr weit rechts bedeutet „ich habe alles verstanden"), die y-Achse für das Unterrichtsklima (sehr weit oben bedeutet „ich habe mich heute sehr wohl gefühlt")

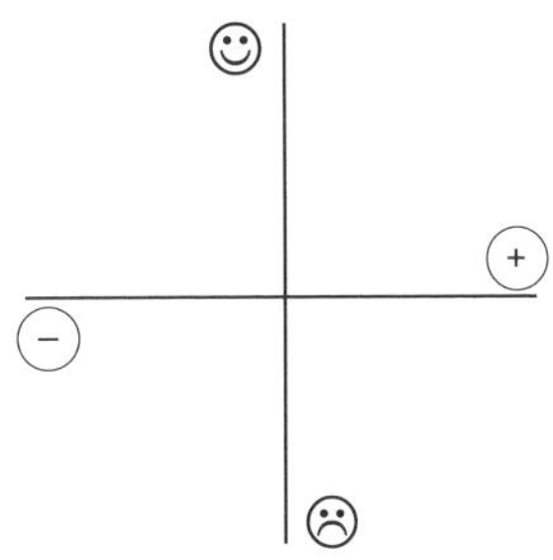

Doch natürlich kann auch ein abschließendes Quiz gut als Puffer fungieren; bitte jedoch weniger aufwändig als in beschriebenem Fall:

- Eine Powerpoint hat in meinen Augen dann ihre Daseinsberechtigung, wenn sie sich nicht nur für eine Stunde oder Sequenz einsetzen lässt, sondern eher allgemein gehalten ist und immer wieder mit neuen Fragen „befüllt" werden kann.
- Einfach und mit etwas Geschick lässt sich ein ansprechendes Quiz auch aus dem Stegreif gestalten. Je nach Klassengröße stellst Du Fragen zum Unterricht, die von Schülern oder Schülergruppen beantwortet werden. Für richtige Antworten ...
  - werden Punkte verteilt,
  - dürfen Schüler einen Schritt näher an die Tafel treten – wer diese zuerst berührt, hat gewonnen,
  - dürfen Folgefragen gestellt werden.

Alternativ kann es sehr effektiv sein, die Tafel zu schließen, gestaltete Plakate abzuhängen und Beamer bzw. Overheadprojektor auszuschalten und die SchülerInnen zu bitten, ihre individuellen Take Aways zu formulieren, die Dinge, die sie aus der heutigen Stunden mitnehmen.

Bitte bedenke bei jedem inhaltlichen Puffer: Es geht nicht darum, die Zeit totzuschlagen! Es geht darum, flexibel zu agieren und ungeplant verfügbare Zeit sinnvoll zu nutzen – inwiefern das zeitweise bei Lehrkräften beliebte Ausmalen von Mandalas dazu zählt, erschließt sich Dir eventuell besser als mir.

> Mein Arbeitsauftrage für Dich:
>
> Finde oder entwickle drei Puffer, die sich variabel am Ende unterschiedlicher Unterrichtsstunden einsetzen lassen. Erprobe sie im Unterricht.

Fragen über Fragen

An dieser Stelle werde ich kurz auf konkrete Fragen eingehen, die mir Lehramtsanwärterinnen und Junglehrer häufig stellen und von denen ich meine, dass auch Du als angehende Lehrkraft davon profitierst:

Kaffe trinken, Zeitung lesen oder ...

...was tue ich, wenn meine Schülerinnen und Schüler gerade konzentriert und eigenständig arbeiten? Viele Junglehrerinnen und -lehrer fühlen sich unwohl, wenn sie allem Anschein nach in derartigen Situationen gerade nichts zu tun haben, aber auch vielen älteren Lehrkräften fällt es schwer, in den Hintergrund zu treten.

Nutze solche Situationen gezielt, um Deine Klasse zu beobachten. Wer arbeitet mit wem gut zusammen? Wer benötigt mehr Hilfe? Wer zieht andere mit? Wer lenkt andere ab. Natürlich geht dies in Deine Schülerbeobachtungen ein, die Du sowieso anfertigen musst. Darüber hinaus solltest Du solche Erkenntnisse aber auch gezielt in der Planung Deiner nächsten Stunden berücksichtigen.

Obwohl Deine SchülerInnen mit zunehmendem Alter natürlich lernen müssen, auch ohne Kontrolle und „Überwachung" zu arbeiten, ist es in den meisten Lerngruppen sinnvoll, den Schülerinnen und Schülern konstant das Gefühl zu geben, dass Du sie im Blick hast und ihnen bei Problemen zur Verfügung stehst.

Was mache ich, wenn ich zunächst Antworten sammeln möchte ...

...die erste Wortmeldung aber schon meine Wunschantwort enthält? Vor diesem Problem stehen viele Lehrkräfte vor allem in der Anfangsphase, wenn sie Stundenthema und Tafelüberschrift von den Schülerinnen und Schülern formulieren lassen möchten.

In der Praxis ist dies nicht wirklich ein Problem – würdige die Antwort, rufe andere, sich meldende Schüler auf und sammle mögliche Ideen. So fühlen sich alle wertgeschätzt und werden sich auch beim nächsten Mal wieder melden. Dass Du nun explizit auf die erste Wortmeldung zurückgehst und diese an der Tafel notierst, wird niemanden stören.

Wie zeige ich Präsenz?

Zugeben, diese Frage grundsätzlich zu beantworten, ist schwierig. Solltest Du hier ein größeres Problem bei Dir wahrgenommen haben, ist der Besuch eines Theaterworkshops oder eines Kurses zur Körpersprache sicherlich eine gute Idee. Allen anderen kann ich raten, im Unterricht ganz bewusst anwesend zu sein. Dies mag seltsam klingen, da Du natürlich im Unterricht anwesend bist und hoffentlich auch in Gruppenarbeitsphasen nicht am Handy daddelst oder im Internet surfst. Achte darauf – und dies ist meiner Meinung nach eine der größten Herausforderungen für Lehrkräfte – konstant auf Deine SchülerInnen fokussiert zu sein. Das heißt, wenn Du vor die Klasse trittst, tust Du dies ganz bewusst, wenn Du einen einzelnen Schüler ansprichst, tust Du das ganz bewusst und auch in Phasen, in denen Deine Klasse eigenständig arbeitet, bist Du geistig anwesend und spielst nicht im Kopf den Unterrichtsbesuch Deines Seminarleiters oder die anstehende mündliche Prüfung durch. Dabei bemühst Du Dich um den Spagat, den Lernenden einerseits das Gefühl zu geben, wirklich eigenständig und ohne Gängelung und Kontrolle durch Dich zu arbeiten und ihnen andererseits auch zu zeigen, dass Du jederzeit da („präsent") bist, um bei Schwierigkeiten zu helfen oder bei Blödsinn einzuschreiten.

Wie vermeide ich es, bei Unruhe zu schreien?

Zunächst einmal kann ich hier nur zustimmen. Als Lehrkraft solltest Du es tatsächlich vermeiden, in die Unruhe hineinzuschreien; Ich gehe sogar noch einen Schritt weiter und sage: Vermeide es, in die Unruhe hineinzusprechen. Du hast etwas zu sagen und hast das Recht, dabei Deine Stimme nicht überbeanspruchen zu müssen, und all Deine Schülerinnen und Schüler haben das, Recht, dies zu hören.

Wenn die klassischen akustischen (Klangschale) und visuellen (Schweigefuchs) Signale nicht ausreichend, ist manche Lehrkraft versucht, einen lauten Schrei loszulassen. Hier können wir von erfahrenen Keynote-Speakern lernen: Diese sprechen ihren ersten Satz Stück für Stück und mit sinkender Lautstärke aus

WENN WIR ... *PAUSE* ... WENN WIR ALLE ... *PAUSE* ... WENN WIR DANN ALLE NOCHMAL NACH VORNE BLICKEN.

Auf diese Weise verpasst kein Zuhörer einen Teil der Aussage und nach und nach wird jedem klar, dass nun Du der bist, der spricht! Dies ist insbesondere zu Beginn einer Stunde besonders wichtig.

Was tue ich, wenn mir der Unterricht und die Klasse entgleitet?

Wenn der Unterricht völlig aus dem Ruder läuft und Du der Klasse nicht mehr Herr wirst, kann es sinnvoll sein, das eigentliche Unterrichtsgeschehen tatsächlich abzubrechen. Inhalte wirst Du heute sowieso nicht mehr vermitteln. Ein Gespräch über den Unterricht, den Du Dir so nicht vorgestellt hast, eine Art Metakommunikation, kann helfen, dass Klasse und Du langsam zueinander finden und sich aufeinander einstellen.

Viele Schülerinnen und Schüler werden von einer solchen Reaktion überrascht sein, da sie das nicht kennen. Außerdem gibt es stets Gründe, wenn ein Unterricht aus dem Ruder läuft. Diese solltest Du kennen lernen.

Peoplemanagement

Zunächst mag die Überschrift *Peoplemenagement* entweder vermessen oder aber sehr negativ klingen. Denn weder geht es im Referendariat darum, wie ein Puppenspieler andere Personen nach Deiner Pfeife tanzen zu lassen, noch ist es überhaupt möglich, andere Menschen wie Marionetten fremdzusteuern. Andererseits jedoch hängt sowohl Dein Erfolg im Referendariat als auch das Ausmaß an Stress, aber auch an Unterstützung, die Du erleben wirst, von Deiner Fähigkeit ab, mit anderen Menschen umzugehen.

Natürlich kannst Du jetzt einwenden, dass Du auch in Deinem bisherigen Leben, in all den Nebenjobs, im Vereinsleben und Freundeskreis aber auch im Studium erfolgreich mit anderen umgehen musstest. Natürlich stimmt das. Aber im Vorbereitungsdienst wirst Du aller Voraussicht nach im Gegensatz zu Deinen bisherigen Tätigkeiten ...

- mit mehr unterschiedlichen Charakteren zusammentreffen,
- stärker auf andere angewiesen sein,
- unter größerem Druck mit diesen zusammenarbeiten und
- mehr Situationen mit Konfliktpotenzial erleben.

Als ReferendarIn bist Du in der Situation, dass jeder an Dir zieht und zerrt und irgendetwas von Dir will. Angesichts dieser Umstände ist es doch sinnvoll, sich vorab die ein oder andere Strategie zurechtzulegen, mit anderen erfolgreich umzugehen. Vorab jedoch noch ein kurzer Blick auf die unterschiedlichen Personengruppen, mit deren Ansprüchen, Anforderungen, Bedürfnissen und Aufträgen Du jonglieren musst. Später werden wir uns ausführlicher mit diesen auseinandersetzen:

- So muss Dir der Spagat zwischen Deinem **Seminarleiter**, der häufig die eine perfekte Unterrichtsstunde sehen möchte, und Deiner **Schulleitung**, die Dich gerne spontan für einen Kollegen einspringen sehen möchte, gelingen.
- Du musst gut mit **Sekretärin** und **Hausmeister** auskommen, die an vielen Schulen die heimliche Schulleitung darstellen und dafür verantwortlich sind, dass Ausstattung und Zustand von Räumen in Schuss sind und der Besuch Deines Seminars nicht zum organisatorischen Fiasko wird. Die Sekretärin kann Dich als gestresste/r LehramtsanwärterIn früh morgens telefonisch über den Unterrichtsausfall informieren, so dass Du ausnahmsweise etwas entspannter in den Tag starten kannst. Alternativ kann sie sich auch darauf verlassen, dass Du Dich morgens pflichtbewusst im Internet über mögliche Unterrichtsausfälle selbst informierst.
- **Eltern**, zu denen kein guter Bezug besteht, untergraben Deine Autorität indem sie jegliche Erziehungsmaßnahme in Frage stellen, so dass ihre Kinder selbst

über Mitteilungen und Verweise nur lachen. Eltern hingegen, die Dich schätzen, wirken derart auf ihre Kinder ein, dass ein kleiner Hinweis im Hausaufgabenheft für Wochen für ordentliches Benehmen sorgt.

- Ebenso können **Kolleginnen und Kollegen** Dich in letzter Minute darüber informieren, dass Du Deine Vorführstunde vor den Augen Deiner Seminarleitung nun anders als geplant doch nicht mit der Hälfte, sondern mit allen Schülerinnen und Schülern der Klasse durchführen musst. Oder aber sie springen selbst ein, füllen ihre Klassen mit Schülerinnen und Schülern auf und tun so ihr Bestes, um Dir das Halten Deiner Stunde im geplanten Rahmen zu ermöglichen.

Außerdem sind die eigentlich zentralen Personen – die Schülerinnen und Schüler – an dieser Stelle noch gar nicht genannt. Denen widmen wir uns konzentriert im letzten Teil dieses Kapitels.

Dieses Kapitel besteht aus vier Teilen, die Dir in der Zusammenschau das Rüstzeug an die Hand geben, im beruflichen, anspruchsvollen Kontext erfolgreich mit anderen Personen umzugehen:

- **Verhaltensanalyse:** In diesem Bereich werde ich Dir eine an Deine Situation angepasste Variante von DISG vorstellen. DISG ist ein vor allem von Verhandlungsführern und Führungskräften gerne eingesetztes, sehr effizientes Tool zur Analyse des Verhaltens anderer. Schon mit wenig Übung gelingt es Dir damit, das Verhalten anderer Personen im Vorfeld einzuschätzen und entsprechend zu agieren oder passend zu reagieren.
- **Konfliktmanagement:** Hier findest Du Grundlagen des Konfliktmanagements und klassische Konfliktlösestrategien. Da gerade in einem stressigen, hektischen Umfeld wie einer Schule oder Seminargruppe früher oder später unweigerlich Konflikte auftreten, ist es sinnvoll, sich bereits vorab Strategien und Techniken zu überlegen, wie diese sich für Dich zufriedenstellend lösen lassen.
- **Überblick über Personen und potenzielle Konfliktfelder:** Hier gehe ich nochmals etwas konkreter auf die Personen ein, mit denen Du zu tun haben wirst und werde aufzeigen, wo besonderes Konfliktpotenzial, aber auch Chancen existieren.
- **„Freund oder Feind" – Deine Schülerinnen und Schüler:** Den zentralen Personen Deines Berufs, nämlich den Schülerinnen und Schülern, widmet sich der letzte Abschnitt dieses Kapitels. Hier betrachten wir die klassischen Erziehungsmaßnahmen unter schulpraktischen Gesichtspunkten.

Verhaltensanalyse

In der Wirtschaft werden von Führungskräften und in Verhandlungen unterschiedliche Konzepte und Techniken eingesetzt, um die Persönlichkeit und das Verhalten des Gegenübers zu analysieren und das eigene Handeln danach auszurichten. Leider sind derartige Tools im Bereich der LehrerInnenbildung wenig verbreitet.

An dieser Stelle lernst Du DISG kennen – ein alltagstaugliches, praxisnahes Konzept, mit dem Du das Verhalten anderer analysieren und interpretieren kannst. Dabei geht es nicht darum, diese einem ausgiebigen, langwierigen Testverfahren zu unterziehen oder ihre Persönlichkeit zu beurteilen und zu bewerten. Vielmehr geht es darum, das Verhalten der Personen, mit denen Du zu tun hast, zu erfassen und daraus Rückschlüsse zu ziehen, wie Du Dich Ihnen gegenüber am besten verhältst. Nutze es, um Deine eigenen Stärken und Schwächen zu erkennen, andere Menschen besser einschätzen und ihr Verhalten vorhersagen zu können.

An dieser Stelle ein Hinweis:

Tipp

Bitte verstelle Dich nicht! Du sollst Dein Verhalten nicht bis ins Letzte Deinem Gegenüber anpassen und Dich verstellen. Allerdings hilft es doch sehr, zu wissen dass Dein Rektor ein kühler Technokrat und Faktenmensch ist. Den Smalltalk über den letzten Urlaub kannst Du Dir demnach bei ihm sparen.

Ich setze dieses Modell im Umgang mit anderen gerne ein, da es weniger komplex als andere Verfahren ist und sich demnach ohne großen Aufwand einsetzen lässt – auch ohne dass Du vorher Psychologie studieren oder Dir massig Aufzeichnungen machen musst.

Bitte beachte:

Tipp

Dieses Konzept eignet sich meiner Meinung nach nur für den Umgang mit Erwachsenen. Bei Kindern und Jugendlichen konnte ich es noch nicht einsetzen, habe aber das Gefühl, dass diese zu sprunghaft sind und sich noch zu stark entwickeln, als dass sie in diesen starren Rahmen pressen ließen.

DISG kann Dir nur eine Hilfe und Unterstützung sein – eine wirklich endgültige, fehlerfreie Einschätzung einer anderen Person ist damit nicht möglich.

Grundlagen

Die Abkürzung *DISG* steht für die vier Grundtendenzen menschlichen Verhaltens. In Klammern habe ich die in der Literatur häufig vorzufindende Farbzuschreibung angeführt. Meiner Meinung nach ist diese sehr aussagekräftig. Mir persönlich fällt es leichter, entsprechend zu handeln, wenn ich weiß, dass mein Gegenüber der rote Typ ist, als wenn ich darüber nachdenken muss, dass er der dominante Typ ist, dessen Verhalten durch Extrovertiertheit und Aufgabenorientierung bestimmt ist.

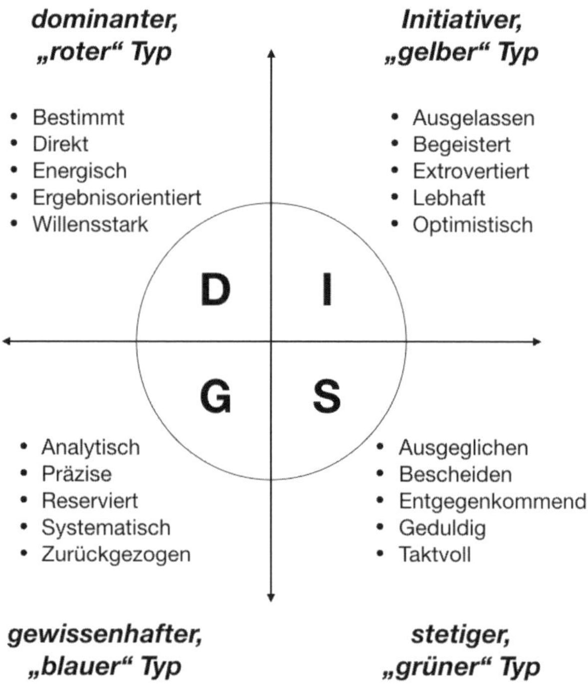

Um Dir die Orientierung zu erleichtern, stelle ich Dir diese Persönlichkeitstypen jeweils in vier Schritten vor:

1. Verhalten, Ziele und Motive
2. Erkennen – Persönlichkeitseigenschaften und stereotype Berufsbilder
3. Stärken und Schwächen
4. Sinnvoller Umgang mit diesem Verhaltenstyp

Außerdem werde ich Dich am Ende eines jeden Typen dazu auffordern, Dein soziales Umfeld zu durchforsten und Personen zu identifizieren, die Du in diese ‚Schublade packen' würdest. So bekommst Du etwas Übung und kannst außerdem schon Deinen Umgang mit den unterschiedlichen Verhaltenstypen erproben.

Dominanter Stil

Verhalten, Ziele und Motive

Dominante Persönlichkeiten werden nach DISG auch als rote Persönlichkeiten bezeichnet. Dies ist insofern sehr treffend, als sie es gewohnt sind, Dinge anzupacken und aktiv nach ihrem Willen zu gestalten. In der Regel zögern sie nicht, sondern treffen Entscheidungen rasch und gehen Herausforderungen unmittelbar und auf direktem Weg an. Aufschieberitis ist ein Fremdwort für sie.

Das Leben einer roten Persönlichkeit ist ein Wettkampf und etwas anderes als der eigene Sieg ist dabei nicht akzeptabel. Diesen Anspruch an sich übertragen dominante Verhaltenstypen häufig auch auf ihre Mitmenschen. Bei dominanten Persönlichkeiten kann es Dir passieren, dass sie Dich direkt darauf ansprechen, wenn Du Ausreden suchst und nicht auf den Punkt kommst. Dies tun sie nicht, um Dich zu verletzen oder bloßzustellen, sondern aufgrund ihrer eigenen Persönlichkeit. In sozialen Beziehungen ist es diesem Typus wichtig, stets die Kontrolle inne zu haben, und derjenige zu sein, der Anweisungen gibt. Er genießt es, im Rampenlicht zu stehen und die eigene Kompetenz unter Beweis zu stellen.

Im Umgang mit anderen agieren dominante Verhaltenstypen distanziert und kommunizieren vor allem auf Sachebene. Aufgrund ihrer Dominanz erwarten sie ähnliche Sachlichkeit auch von ihrem Gegenüber. Ein über das rein berufliche hinausgehender Umgang ist roten Verhaltenstypen ein Graus.

Persönlichkeitseigenschaften und typische Berufsbilder

- willensstark
- herausfordernd
- ergebnisorientiert
- stur
- bestimmend
- durchsetzungsfähig
- direkt
- mutig
- aggressiv
- hartnäckig
- anspruchsvoll

Typische Berufsbilder für dominanten Typen – bleiben wir an dieser Stelle einmal beim Schubladendenken – und somit Hinweise für Dich sind:

- Politiker
- Unternehmensberater

- Controller
- Rechtsanwälte

Erinnert Dich Deine Seminarleiterin an eine typischen Beraterin oder sitzt Dein Schulleiter nebenbei im Stadtrat, sind dies schon gute Hinweise auf eine dominante Persönlichkeit.

Stärken und Schwächen von dominanten Personen

Dominante Personen zeichnet es aus, dass sie sehr strukturiert und sachorientiert an Aufgaben herangehen, stark auf ihre Tätigkeit fokussiert sind und effizient arbeiten. Gleichzeitig jedoch nehmen rote Verhaltenstypen Gefühlslage, Empfindungen, Sorgen und Nöte ihrer Mitmenschen nur wenig wahr. Gerade bei Führungskräften – und im Referendariat hast Du natürlich einerseits die eine oder andere formale Führungskraft, andererseits jedoch auch die eine oder andere Person, die Dir gegenüber ebenfalls eine Art Führungsposition einnimmt – kann dies schwierig sein, da Menschen eben keine funktionierenden Roboter sind.

Dein Umgang mit dominanten Verhaltenstypen

Mit dominanten (roten) Verhaltenstypen solltest Du ausschließlich auf professioneller Ebene verkehren. Der Versuch, Deinem dominanten Schulleiter in der Pause private Details zu entlocken, Dich mit ihm über den letzten Urlaub auszutauschen oder ihm gegenüber Deine privaten Gründen für dienstliche Versäumnisse vorzukauen, ist kontraproduktiv.

Wenn Du ihn als verschlossen und unzugänglich empfindest, musst Du Dir keine Gedanken machen. Er lehnt nicht Dich ab und hat auch kein prinzipielles Problem mit ReferendarInnen – Ihr seid keine Freunde oder Verwandte und er legt einfach keinen Wert auf einen Austausch mit Dir, der über das rein Dienstliche hinausgeht.

Gewöhne Dich daran, dass Du nun endgültig im Berufsleben angekommen bist und viele Personen mit Dir auf rein professioneller Ebene verkehren werden wollen. Das bedeutet jedoch auch, dass Du leider auf wenig Verständnis hoffen darfst, wenn Du aufgrund von Erkrankungen Deines eigenen Kindes nicht zum Dienst erscheinen kannst oder private Probleme Deine Leistung negativ beeinflussen. Um Dich mit diesem Typus vertraut zu machen eine kleine Aufgabe für Dich:

Suche anhand der Beschreibung in Deinem Umfeld Personen, die Du als dominant einstufen würdest. Führe Dir deutlich vor Augen:

- Woran machst Du diese Einschätzung fest?
- Welche Stärken und Schwächen haben diese?
- Welche Probleme, Missverständnisse und Konflikte gab es zwischen Euch bereits?
- Wie ist es Dir bislang gelungen, mit diesen Personen umzugehen?

Initiativer Stil

Verhalten, Ziele und Motive

Ebenso wie rote Verhaltenstypen wollen auch Personen mit einem eher initiativen Stil Einfluss auf andere nehmen. Dies tun sie jedoch mit ganz anderen Mitteln. Sie sind stark an positiven zwischenmenschlichen Beziehungen interessiert und pflegen diese bewusst.

In der Kommunikation sind initiative oder gelbe Typen Fans davon, Klartext zu reden. Gerade in Konferenzen werden derartige Verhaltenstypen Dir schnell auffallen – initiative Verhaltenstypen tragen ihr Herz auf der Zunge, sprechen ihre Gedanken deutlich aus und lassen andere an ihren Einschätzungen teilhaben. Im Kollegium erkennst Du gelbe Verhaltenstypen auch dadurch, dass diese zwar in vielen Arbeitsgruppen engagiert sind und viele zusätzliche Aufgaben übernehmen, dabei jedoch häufig nicht die eigentlich notwendige Sorgfalt walten lassen. Durch die Vielzahl der sie interessierenden Themen verzetteln sie sich oft und verpassen die Konzentration auf das Wesentliche.

Persönlichkeitseigenschaften und typische Berufsbilder

- Einfluss nehmend
- begeisternd
- emotional
- gesprächig
- optimistisch
- spontan
- gesellig
- freundlich
- inspirierend
- gewinnend
- kontaktfreudig
- unterhaltsam

Als typische Berufsbilder für initiative Typen kann jegliche Führungsposition gelten – nicht nur die eines Schulleiters oder Stellvertreters, sondern auch die Position als Leiter einer Arbeitsgruppe, einer Fachgruppe oder eines Organisationskomitees. Außerdem finden sich gelbe Typen häufig in Branchen, in denen es auf eine hohe kommunikative Kompetenz ankommt – beispielsweise im Sales-Bereich, als BeraterIn, TrainerIn und selbstverständlich auch als LehrerIn.

Stärken und Schwächen von initiativen Personen

Initiative Personen sind grundsätzlich Beziehungsmenschen, und können auf ein großes Netzwerk zurückgreifen. Es fällt ihnen leicht, Kontakte zu knüpfen, auf neue Personen zuzugehen und andere zu begeistern und zu überzeugen. Gelingt es ihnen bei einzelnen Personen nicht, mit ihrer offenen Art eine positive Ebene zu finden, fühlen sie sich schnell abgelehnt und unterstellen negative Beweggründe.

Konflikte sind initiativen Verhaltenstypen sehr unangenehm, weshalb sie diese häufig ignorieren und in diesem Fall ein offenes Gespräch scheuen. Aus dem gleichen Grund verzichten sie auch darauf, negatives Feedback zu geben. Prioritätensetzung fällt dem gelben Typ häufig schwer, weshalb zwar viele wichtige Dinge angestoßen, wenige jedoch wirklich abgeschlossen werden.

Dein Umgang mit initiativen Verhaltenstypen

Hast Du eine Person als gelb eingestuft, solltest Du ihr auf beziehungsorientierter Ebene begegnen und Dich aktiv um einen zwischenmenschlichen Kontakt bemühen. Vermeide es, zu direkt zu sein, aber nutze gemeinsame Pausen und sonstige Begegnungen ruhig dazu, mehr über sie herauszufinden.

In Gesprächen solltest Du nicht ausschließlich berufliche Dinge thematisieren. Eine initiative Person wird sich für jedes noch so ausgefallene Hobby Deinerseits interessieren und auch von sich aus Privates preisgeben. Gib Dir dabei Mühe, eine angenehme Atmosphäre zu schaffen

Suche anhand der Beschreibung in Deinem Umfeld Personen, die Du als initiativ einstufen würdest. Führe Dir deutlich vor Augen:

- Woran machst Du diese Einschätzung fest?
- Welche Stärken und Schwächen haben diese?
- Welche Probleme, Missverständnisse und Konflikte gab es zwischen Euch bereits?
- Wie ist es Dir bislang gelungen, mit diesen Personen umzugehen?

Steter Stil

Verhalten, Ziele und Motive

Stetige Verhaltenstypen werden häufig auch als grün bezeichnet. Bei einem Schachspiel wären dies die Bauern – diszipliniert und opferbereit ihren Dienst tuend, jedoch eher unauffällig – in einem Kollegium sind dies die perfekten TeamarbeiterInnen. KollegInnen und Vorgesetzte lieben sie gleichermaßen, da sie pragmatisch, zuverlässig und mit hoher Kompetenz ihre Aufgaben erledigen, ohne sich dabei in den Mittelpunkt zu drängen oder Anerkennung und Belohnung explizit einzufordern.

Außerdem liebt der stetige Verhaltenstyp die Konstanz und Sicherheit, die ihm ein organisiertes Umfeld ohne große Unwägbarkeiten bietet. Deshalb sind ihnen klare Absprachen besonders wichtig. Konflikte sind ihnen ebenso ein Graus wie offener Konkurrenzkampf. Nur selten und unter großen Zweifeln bemühen grüne Personen sich um eine Position als Schulleiter.

Persönlichkeitseigenschaften

- treu
- loyal
- hilfsbereit
- teamfähig
- unterstützend
- bescheiden
- bewahrend
- geduldig
- pragmatisch
- zuverlässig
- ausgleichend
- entspannt
- aufmerksam
- beständig
- rücksichtsvoll
- gutmütig
- einsichtig
- mitfühlend
- verbindlich

Ein Hinweis auf einen stetigen Verhaltenstyp ist es, wenn Du Dir bei einer Person denkst, das ist doch der typische Lehrer, Erzieher oder Sozialarbeiter. Das liegt an ihrem großen Bedürfnis nach zwischenmenschlicher Nähe.

Stärken und Schwächen von stetigen Personen

Wie bereits angedeutet wirst Du stetige Personen nur selten in Führungspositionen finden. Dies deutet schon auf einige ihrer typischen Schwächen hin: Konfliktkompetenz, Durchsetzungsvermögen und Führungsstärke findest Du bei ihnen nur selten. Darüber hinaus werden ihre Gutmütigkeit und Hilfsbereitschaft je nach beruflichem Umfeld gerne ausgenutzt.

Für sie ist ein harmonisches Miteinander oftmals wichtiger als eine perfekt erledigte Aufgabe – ob Du dies als Stärke oder als Schwäche ansiehst, bleibt Dir überlassen.

Andererseits wird ein stetiger Verhaltenstyp Dir gerne mit Rat und Tat zur Seite stehen und Dir nichts Böses wollen. Aus beiden Gründen ist dies in Deiner Situation besonders wichtig. Solche KollegInnen sind die perfekten Arbeiter, ohne die in Kollegium und Schule nur wenig vorangeht, die jedoch oft übersehen werden – eben die perfekten Bauern beim Schach.

Dein Umgang mit stetigen Verhaltenstypen

Auch im Umgang mit stetigen Verhaltenstypen ist es wichtig, großen Wert auf die Beziehungseben zu legen. Insofern ähneln sich gelber und grüner Typus. Vermutlich wirst Du in Deinem Kollegium, aber auch in Deiner Seminargruppe eine Vielzahl grüner Personen identifizieren können. Bemühe Dich um ein harmonisches, unter Umständen sogar freundschaftliches Verhältnis mit ihnen.

In Gesprächen ohne klaren beruflichen Kontext, beispielsweise bei gemeinsamer Pausenaufsicht oder in Zwischenstunden im Lehrerzimmer solltest Du grüne Personen nicht ausschließlich mit Schulthemen zutexten. Mit ihnen kannst

Du wirklich sehr offen und ehrlich reden – etwas das Du als LehramtsanwärterIn nicht unbedingt bei jedem tun solltest. Achte nach Möglichkeit nur darauf, dass Du Dein Gegenüber wirklich wahrnimmst. Auch wenn sich aktuell Dein ganzes Leben nur um Schule, Seminar, Leistungsnachweis, Unterrichtsvorbereitung und Elterngespräche dreht, ist auch Dein Gegenüber ein Mensch mit Hobbys, Freizeit und Familie, aber auch mit Problemen. Nimm ihn als ganze Person wahr und interessiere Dich für ihn.

Suche anhand der Beschreibung in Deinem Umfeld Personen, die Du als stetig einstufen würdest. Führe Dir deutlich vor Augen:

- Woran machst Du diese Einschätzung fest?
- Welche Stärken und Schwächen haben diese?
- Welche Probleme, Missverständnisse und Konflikte gab es zwischen Euch bereits?
- Wie ist es Dir bislang gelungen, mit diesen Personen umzugehen?

Gewissenhafter Stil

Verhalten, Ziele und Motive

Gewissenhafte Verhaltenstypen sind sehr sachorientiert, wodurch sie die Beziehungsebene häufig vernachlässigen. Private Gespräche in der Schule, Smalltalk und Kommunikation um der Kommunikation willen sind ihnen fremd. Eine blaue Person wird es nicht verstehen, wenn Du plötzlich von Deinem Urlaub oder dem letzten Wochenende erzählst. Sie wird vergeblich die Relevanz Deiner Äußerung für Eure berufliche Zusammenarbeit suchen und verständnislos den Kopf über Dich schütteln, wenn sie diesen nicht findet.

Für erfolgreiches Arbeiten benötigt dieser Verhaltenstyp klare Vorgaben und präzise vorgegebene Ziele sowie Ordnung, Disziplin und klar definierte Grenzen. Unter diesen Bedingungen geht er Aufgaben und Probleme analytisch, sorgfältig und mit Sachverstand an, leistet qualitativ hochwertige Arbeit und fühlt sich wohl.

Führungspositionen streben gewissenhafte Personen nur selten an. Vielmehr konzentrieren sie sich stärker auf ihren eigentlichen Fachbereich, bauen dort nicht selten beneidenswertes Fachwissen aus und machen unter Umständen fachspezifische Karrieren. Mit anderen Worten: Blaue Verhaltenstypen findest Du seltener als Schul- oder Seminarleiter, häufiger in Lehrplankommissionen oder mit speziellen Aufgaben betreut in Schulämtern und Kultusministerien.

Persönlichkeitseigenschaften

- wertorientiert
- detailorientiert
- selbstdiszipliniert
- analytisch
- systematisch
- reserviert

- gründlich
- beherrscht
- akkurat
- vorausplanend
- reserviert
- vorsichtig

Ein typischer Vertreter des blauen Verhaltenstyps ist das Klischee eines Steuerberaters: genau, strukturiert und präzise. Idealtypische Berufe sind aber auch ProgrammiererIn oder WissenschaftlerIn und somit Berufe, die Detailarbeit erfordern und nur Raum für die eine richtige Lösung lassen.

Stärken und Schwächen von gewissenhaften Personen

Häufig haben gewissenhafte Personen Schwierigkeiten damit, eigenständig Prioritäten zu setzen, da sie danach streben, wirklich alles perfekt zu erledigen. Dies bedeutet einerseits, dass sie sich gerade als Lehrkraft angesichts der Vielzahl an Aufgaben häufig verzetteln, und andererseits, dass sie von Vorgesetzten bei übertragenen Aufgaben klare und präzise Vorgaben benötigen, wie detailliert, ausführlich oder genau eine Aufgabe zu erledigen ist.

Die primäre Schwäche des gewissenhaften Verhaltenstyps aber liegt ganz klar im zwischenmenschlichen Bereich. Diesen betrachten sie in der Regel als im Beruf wenig relevant. Sie konzentrieren sich ganz auf die Sachebene. Persönliche Beweggründe anderer übersehen oder ignorieren sie. Dies führt dazu, dass Kolleginnen und Kollegen sich unverstanden fühlen und ein Defizit an Empathie und Wertschätzung bemängeln.

Gerade dies jedoch macht auch die Stärke von gewissenhaften Personen aus. Rational und unbeeinflusst von Emotionen handeln sie in jeder Situation professionell und lösungsorientiert und erledigen Aufgaben pragmatisch und mit hoher Qualität.

Dein Umgang mit gewissenhaften Verhaltenstypen

Mach Dir beim Umgang mit gewissenhaften Personen immer klar, dass ihr Handeln rationale Gründe hat. Lass Dich also nicht verunsichern und nimm es auch nicht persönlich, wenn Deine privaten Äußerungen ignoriert werden oder Dein Gegenüber sich nicht für Deine Freizeitgestaltung interessiert. Unter rationalen Gesichtspunkten gibt es ja auch keinen Grund, KollegInnen oder Vorgesetzten vom bevorstehenden Besuch eines Festivals zu erzählen.

Wenn Du enger mit einem gewissenhaften Verhaltenstyp umgehst, solltest Du sowohl auf die klare Struktur Deiner Vorgehensweise als auch auf die hohe Qualität der Ergebnisse achten.

Bemühe Dich im Umgang mit blauen Personen um eine klare, sachbezogene Kommunikation. Erwarte von ihnen kein Verständnis, wenn Du private Dinge als Entschuldigung oder Ausrede für Schwächen oder berufliche Schwierigkeiten anführst. Übertrieben gesagt ist auch eine Hochzeit kein Grund, dass Du den

Unterricht früher beendest oder einer Konferenz fernbleibst. Auch nicht Deine eigene!

Suche anhand der Beschreibung in Deinem Umfeld Personen, die Du als gewissenhaft einstufen würdest. Führe Dir deutlich vor Augen:

- Woran machst Du diese Einschätzung fest?
- Welche Stärken und Schwächen haben diese?
- Welche Probleme, Missverständnisse und Konflikte gab es zwischen Euch bereits?
- Wie ist es Dir bislang gelungen, mit diesen Personen umzugehen?

Konfliktmanagement

Allgemeines vorab

Selbstverständlich sind Konflikte nichts Neues für Dich – diese wirst Du aus nahezu jeder zwischenmenschlichen Beziehung kennen. Sobald zwei Personen miteinander interagieren, gehören sie einfach dazu und lassen sich kaum vermeiden. Im Vorbereitungsdienst jedoch ist Dein Umgang mit Konflikten aus drei Gründen besonders wichtig:

1. Als Lehramtssanwärter, aber auch später als Lehrkraft arbeitest Du in einem Umfeld, das generell hohes Konfliktpotenzial besitzt.
2. Ungelöste Konflikte können sich besonders stark auf die Qualität Deiner Arbeit auswirken.
3. Im Vorbereitungsdienst wird Deine Leistung von anderen beurteilt und bewertet werden und diese Bewertung kann durch ungelöste Konflikte negativ beeinflusst werden.

Zwar sind unterschiedliche, gegensätzliche Auffassungen, Interessen oder Bedürfnisse die Basis für einen Konflikt, machen diesen jedoch noch nicht aus. Vielmehr sind Konflikte durch die folgenden Merkmale gekennzeichnet:

- Konflikte sind emotional, gefühlsbeladen und werden zumindest von einer Seite als belastend empfunden.
- Sie stören und unterbrechen Arbeitsabläufe und andere Tätigkeiten.
- Mindestens ein Beteiligter steht unter Leidens- und Handlungsdruck.
- Ungelöste Konflikte haben den Drang zur Eskalation. Sie verschwinden nicht von selbst.

Weshalb gehe ich an dieser Stelle auf theoretische Grundlagen von Konflikten ein, obwohl dieses Buch doch eigentlich als konkrete Praxishilfe gedacht ist? Die Antwort ist einfach: In der Hektik des Referendariats und in dieser ungewohnten Situation realisieren erfahrungsgemäß viele Lehramtsanwärter gar nicht, dass sie einen Konflikt mit anderen haben. Daher mein Rat an dieser Stelle:

Tipp

Nimm Dir regelmäßig – mindestens einmal in der Woche – einige Minuten Zeit, um über Dich, Deine Situation und die Personen in Deinem Umfeld nachzudenken. Nutze diese Zeit, um anhand der angeführten Merkmale festzustellen, ob Du in einem Konfliktverhältnis mit anderen stehst und ob bzw. inwiefern Dich dies belastet. Für den Fall, dass Du dazu neigst, den Kopf wie der Vogel Strauß in den Sand zu stecken und Konflikte zu übersehen, zeige ich Dir im Anschluss an dieses Kapitel potenzielle Konfliktfelder auf.

Arten von Konflikten

In der theoretischen Literatur werden unterschiedliche Arten von Konflikten unterschieden. An dieser Stelle werde ich mich auf die wichtigsten beschränken. Relevant werden diese für uns vor allem dann, wenn wir die einzelnen Kategorien auf unser Berufsfeld bzw. ganz konkret auf Deine spezifische Situation beziehen.

- Bei einem Zielkonflikt verfolgen zwei oder mehr Personen unterschiedliche Ziele. Dies kann der Fall sein, wenn Du Deiner Klasse im Hinblick auf eine Lehrprobe Ordnung und Disziplin beibringen möchtest, eine andere Lehrkraft ihren Unterricht in dieser Klasse lediglich ohne große Anstrengungen abspulen möchte und deshalb zu laissez-faire neigt. Auch kommt es nicht selten vor, dass ein Lehramtsanwärter den Schülerinnen und Schülern das selbstständige Arbeiten im offenen/geöffneten Unterricht vermitteln will, während eine andere Lehrkraft einen strikt frontalen Unterrichtsstil pflegt und von den Schülern Disziplin und Fokussierung auf ihre Person erwartet. In beiden Fällen stehen die Ziele sich nahezu unvereinbar gegenüber und die Bemühungen der einen Lehrkraft werden die der anderen behindern.
- Ein Bewertungskonflikt liegt vor, wenn Uneinigkeit über die Effektivität unterschiedlicher Methoden herrscht. So mag es in Deinen Augen sinnvoll sein, mit einem Schüler über dessen Verfehlungen unter vier Augen zu sprechen. Der Klassenlehrer hält dies unter Umständen für vergeudete Zeit und sieht in Verweis und weiteren Ordnungsmaßnahmen die einzig sinnvolle Reaktion.
- Bei einem Verteilungskonflikt herrscht Uneinigkeit über Verteilung von Ressourcen. So eskalierte in einer Mittelschule beispielsweise der Streit über die Nutzung des Physikraums so weit, dass der Lehramtsanwärter am Tag eines Unterrichtsbesuchs seines Seminars einen vollbesetzten Raum vorfand. Leider

saßen dort nicht etwa seine Schülerinnen und Schüler, sondern die eines Kollegen, der in Seelenruhe Unterricht hielt, während der Lehramtsanwärter, seine Klasse, Seminarleitung und die anderen Anwärter im Schlepptau, auf ein leerstehendes Klassenzimmer ausweichen und seinen Unterricht improvisiert und ohne die geplanten physikalischen Versuche durchführen musste.
- Ein Rollenkonflikt liegt vor, wenn an Menschen unterschiedliche Erwartungen gestellt werden. So mögen Eltern von Dir erwarten, dass Du die für einen Wechsel an ein Gymnasium notwendigen Noten vergibst. Dein Schulleiter hingegen erwartet von Dir, dass Du streng aussiebst, um sicherzustellen, dass für eine Klassenbildung ausreichend viele Schüler und Schülerinnen an die benachbarte Mittelschule wechseln.

Stelle Dir am besten regelmäßig die Frage, ob Ursachen für einen Konflikt mit einer Kollegin oder einem Kollegen, mit Eltern oder anderen Personen in Deinem Umfeld vorhanden sind. Dazu führst Du Dir am besten regelmäßig die Personen vor Augen, mit denen Du zusammenarbeitest. Stelle Dir die folgenden Fragen:

- Wer verfolgt gänzlich andere Ziele als Du? Ziehen wirklich alle Lehrkräfte an einem Strang?
- Wer pflegt einen komplett anderen Unterrichtsstil? Wer ist generell anderer Meinung als Du?
- Wen schränkt allein Deine Existenz als Lehramtsanwärter an dieser Schule ein? Wer muss zu Deinen Gunsten kürzer treten?

Eskalationstufen nach Glasl

Wie wichtig es ist, Konflikte nicht einfach zu ignorieren und aussitzen zu wollen, zeigt neben dem Merkmal *Drang zur Eskalation* auch das hier stark vereinfachte Modell der Eskalationsstufen nach Glasl. Dieser unterscheidet neun Stufen, die auf drei Ebenen angeordnet sind:

1. Die ersten drei Stufen *Verhärtung, Polarisation & Debatte* und *Taten statt Worte* fasst Glas unter dem Schlagwort Win-Win auf Ebene 1 zusammen. Konflikte auf dieser Ebene lassen sich friedlich lösen – eventuell sogar ohne Einbezug Dritter zwischen den Beteiligten selbst. Noch sind Lösungen möglich, mit denen beide zufrieden sind; noch können beide als gemeinsame Gewinner aus der Situation hervorgehen.

2. Hat ein Konflikt erst die Stufen *Image & Koalition, Gesichtsverlust* oder *Drohstrategien* erreicht, befinden sich die Parteien in einer Win-Lose-Situation. Nun kann es nur noch einen Sieger geben. Dies bedeutet auch, dass der jeweils andere als Verlierer aus dem Konflikt hervorgeht. Konflikte auf dieser Stufe können durch Parteienbildung ganze Kollegien spalten, zum Gesichts-

verlust durch bewusst gestreute Gerüchte und Bloßstellungen führen. Um einen Konflikt auf dieser Ebene zu lösen ist in der Regel eine dritte Person notwendig, die zwischen den Parteien vermittelt.

3 Die letzte Ebene umfasst die Stufen *Begrenzte Vernichtungsschläge, Zersplitterung* und *Gemeinsam in den Abgrund*. In dieser Lose-Lose-Situation geht es den Beteiligten nicht mehr darum, als Sieger aus dem Konflikt hervorzugehen. Vielmehr geht es darum, dem anderen zu schaden und dessen Erfolg zu verhindern. Eine Lösung ist nur noch durch Außenstehende möglich, wenn diese professionelle Mediatoren sind oder es ihnen zusteht, ein „Machtwort" zu sprechen.

Ohne Dir Angst machen zu wollen, möchte ich Dir raten: Führe Dir diese stufenförmige Entwicklung immer wieder vor Augen, ...

- um einerseits den Mut aufzubringen, Konflikte frühzeitig anzusprechen und zu lösen, bevor diese eskalieren und eine höhere Stufe erreichen und
- um andererseits zu erkennen, wann eine Konfliktlösung nicht mehr ohne externe Person möglich ist.

Ein klassisches Beispiel für einen Konflikt, der sich früh hätte beilegen lassen, schildert ein Schulrat:

> *Zu meiner Zeit als Lehrer hatte ich eine Kollegin, die die negative Angewohnheit hatte, im Unterricht immer zu überziehen. Dass die Schüler zu spät zu meinem Unterricht erschienen war ihr völlig egal. Selbst als ich sie nach Wochen darauf hingewiesen habe, dass das nervt, hat sich nichts geändert.*
>
> *Was habe ich mich gefreut, als die Dame fast 20 Jahre später und etlichen Stationen als Konrektorin und Rektorin auch im Schulamt meine Kollegin wurde. Die Spannung zwischen uns ist sogar Kollegen aufgefallen und wir haben den Kontakt beide so gut wie möglich vermieden.*
> *Bis wir von einer gemeinsamen Veranstaltung mit der Bahn nachhause fuhren. Ich kann nicht mal mehr sagen, wer unsere Probleme miteinander angesprochen hat. Auf alle Fällen wurde uns klar, dass keiner von uns beiden einen wirklichen Grund nennen konnte, weshalb wir uns aus dem Weg gehen.*
>
> *Als ich die Verspätungen der Schüler angesprochen habe, merkte ich selbst, wie lächerlich dies heute, 20 Jahre später klang. Noch besser: Meine Kollegin brach in Lachen aus und erklärte mir, dass sie damals den trödelnden Schülern auf meine Beschwerde hin sogar vorgeschrieben hatte, auf welchem Weg sie von ihrem Klassenzimmer zu meinem gehen sollten. Jahre nachdem ich die Schule verlassen hatte, wurde eine Stelle zwischen Tiefgarageneinfahrt und kleinem Pausenhof für Schüler gesperrt, da diese sich beim Stundenwechsel dorthin zum Rauchen, Knutschen und Trödeln zurückgezogen hatten.*
>
> (Name dem Verfasser bekannt, Schulrat)

Wie Du Konflikte sinnvoll ansprichst, um sie nicht jahrzehntelang zu führen und eskalieren zu lassen, erfährst Du im Folgenden.

Konflikte konstruktiv ansprechen

Natürlich ist es alle andere als angenehm, einen Konflikt anzusprechen und ein Konfliktgespräch zu führen. Dennoch wirst Du im Laufe Deines Vorbereitungsdienstes, aber natürlich auch im Laufe Deiner gesamten Dienstzeit merken, wie gut dies tun kann und wie es Dir zunehmend besser gelingt. Gerade bei kleineren Unstimmigkeiten kommt es erfahrungsgemäß häufig vor, dass beide Parteien nach einem konstruktiven Konfliktgespräch gemeinsam eine für beide Seiten sinnvolle Lösung gefunden haben und gemeinsam über den ursprünglichen Konflikt lachen können.

Den Wenigsten fällt es leicht, Konflikte deutlich anzusprechen – dies auch noch konstruktiv zu tun und einen Konflikt nicht von vornherein eskalieren zu lassen, ist eine noch größere Herausforderung. Das Konzept SAG ES! hilft, kleine Konflikte anzusprechen, die sich schnell lösen lassen und für die Beteiligten (vermutlich) keine größeren Geschichten sind.

- **S = Sichtweise schildern**
  Sprich den Konflikt an, indem Du zunächst ohne Bewertung oder Verallgemeinerung Deine Wahrnehmung schilderst. In einem Fall wie dem oben angeführten Beispiel könnte dies der folgende Satz sein: „Mir ist aufgefallen, dass die Schüler am Donnerstag immer viel zu spät zu meinem Unterricht erscheinen."
- **A = Auswirkungen beschreiben**
  Im zweiten Schritt erklärst Du, wie das angesprochene Verhalten auf Dich wirkt und welche Auswirkungen es auf Dich hat: „Für mich heißt das, dass ich meine auf genau 45 Minuten ausgelegte Unterrichtsstunde nicht wie geplant durchführen kann."
- **G = Gefühle benennen**
  Hier machst Du deutlich, was der Konflikt ganz konkret für Dich bedeutet. Zeige Deinem Gegenüber auf, wie belastend die Situation ist: „Das ängstigt mich, da ich in dieser Klasse Lehrprobe halten muss und die Prüfer hier eine wirklich 45-minütige Stunde erwarten. Meine SchülerInnen sind das schon gar nicht mehr gewohnt."
- **E = Erfragen, wie der andere die Situation sieht**
  Im vierten Schritt löst Du Dich von Deiner eigenen Wahrnehmung und konzentrierst Dich auf die Sichtweise des anderen. Hier ist es wichtig, dass Du Dich zurücknimmst und Dich für den anderen deutlich um eine Klärung bemühst: „Wie sehen Sie das?"
- **S = Schlussfolgerungen ziehen**
  Kommuniziere Deine Schlussfolgerungen und versuche, eine gemeinsame Lösung zu finden. Hätte das hier angedeutete Gespräch tatsächlich stattgefunden, könnte dies folgendermaßen lauten: „Können wir es in Zukunft so machen, dass unsere Klasse ihre Jacken und ihre Pausenverpflegung nach meinem Unterricht im Klassenzimmer holt und ich sie dabei begleite?"

Eine derartige Gesprächsführung verlangt etwas Übung und für die meisten von uns auch etwas Vorbereitung. Am besten übst Du das, indem Du das Konzept SAG ES! auch in Deinem Alltag und Deinem Privatleben das eine oder andere Mal anwendest. Sei es die nicht in den Badezimmerschrank zurückgestellte Zahnpasta Deines Partners oder der schlechte Umgang Deiner Schwester mit Euren Eltern – sicherlich findest Du auch außerhalb Deines Schul- und Seminaralltags etwas, das Du gerne ansprechen würdest.

Formuliere hier mögliche Sätze:

- Sichtweise schildern: „Mir ist aufgefallen, ______________________________
  ____."
- Auswirkungen beschreiben: „Für mich heißt das, __________________________
  ____."
- Gefühle benennen: „Das ______________________________ mich, da
  ____."
- Erfragen, wie der andere die Situation sieht: „Wie siehst/sehen Du/Sie das?"
- Schlussfolgerungen ziehen:„Können wir es in Zukunft so machen, ________
  ____?"

Beim Einsatz des Konzepts SAG ES! ist es wichtig, dass Du eine Eskalation durch Beachtung der Drei-B-Regel vermeidest. Verzichte auf ...

- **B**ewertung
- **B**elehrung
- **B**efehle

Manchmal ist ein Konflikt schon weiter fortgeschritten und lässt sich nicht durch ein kurzes Gespräch nach diesem Prinzip nebenbei lösen. Dann ist es notwendig, ein ausführliches Konfliktgespräch zu führen. Nur so lässt sich eine weitere Eskalation vermeiden. Ein Konfliktgespräch integriert idealerweise SAG ES!, geht jedoch über dieses hinaus. Es besteht aus fünf Phasen:

1 Vorbereitung

- Kläre Deine eigenen Gefühle und Bedürfnisse.
- Definiere Deine Ziele.
- Versetze Dich in den Konfliktpartner hinein.
- Bereite Dich mental auf das Gespräch vor.
- Schaffe einen geeigneten Rahmen.

2 Gesprächseinstieg

- Stelle Kontakt her.
- Informiere Dein Gegenüber über Anlass und Ziel des Gesprächs.
- Evtl. kann es sogar notwendig sein, konkrete Gesprächsregeln zu vereinbaren (bspw. nicht ins Wort fallen).

3 Klärungsphase

- Setze das SAG-ES!-Konzept um.
- Gehe in dieser Phase auf Deinen Konfliktpartner ein: Stelle offene Fragen, höre ihm aktiv zu, fassen seine Aussagen zusammen, aber grenze Dich bei unfairen Angriffen auch ab.

4 Lösungsphase

- Verzichte auf eine Bewertung.
- Äußere Deine Wünsche und Bedürfnisse.
- Sammle gemeinsam mit Deinem Gegenüber Lösungsideen.
- Triff möglichst konkrete Vereinbarungen mit ihm.

5 Abschlussphase

- Verzichte auf eine Bewertung.
- Frage nach, ob in den Augen Deines Gegenübers alles besprochen wurde.
- Finde einen positiven Gesprächsabschluss.

Personen, Unterstützer und potenzielle Konfliktfelder

Die im Folgenden dargestellten Konfliktfelder wurden tatsächlich in der Praxis beobachtet. Das heißt nicht, dass diese auch in Deinem Umfeld auftreten müssen. Wenn Du sie allerdings genau studierst, wirst Du ein Gefühl für die unterschiedlichen Interessen der Personen in Deinem Umfeld bekommen und Konflikte entweder von vornherein vermeiden oder aber schneller erkennen können.

Als Küken zwischen alten Hasen – Umgang mit den lieben Kollegen

Natürlich sind viele Kolleginnen und Kollegen an Deiner Einsatzschule Dir gegenüber positiv eingestellt. Sie freuen sich, dass frischer Wind ins Kollegium kommt, sind interessiert an Deinen Ideen oder neuen Erkenntnissen und Unterrichtsmethoden, die Du unter Umständen im Studium kennen gelernt hast. Andererseits findet sich in nahezu jedem Kollegium der eine oder andere Person, der Lehramtsanwärter prinzipiell negativ sieht:

- Referendarinnen und Referendare machen den anderen Lehrkräften nur Arbeit, da der Stundenplan speziell an ihre Einsatztage angepasst werden muss und ihre Lehrproben den Schulbetrieb durcheinanderbringen.
- Außerdem sind es natürlich ausnahmslos Besserwisser, die frisch von der Uni kommen, sich einbilden die Weisheit mit Löffeln gefressen zu haben und all den erfahrenen KollegInnen erklären wollen, wie diese richtig unterrichten.
- Lehramtsanwärter können ja nichts dafür, dass die Uni sie nicht auf die Realität vorbereitet hat, aber eigentlich dürfte man sie noch gar nicht alleine auf SchülerInnen loslassen. Sie haben zwar die Theorie gelernt, aber die ist soweit von der Realität entfernt, dass der typische Lehramtsanwärter eigentlich noch ganz am Anfang steht und im Schulbetrieb wirklich nichts eigenständig kann.

Halte Dich mit Kritik an Kolleginnen und Kollegen zurück – selbst, wenn diese uneingeschränkt zutreffend sein sollte. Du bist im Referendariat, um Dich weiterzuentwickeln und eines Tages souverän und sicher vor Schülerinnen und Schülern zu stehen. Selbst wenn Kollegen in Deinen Augen noch so großen Mist bauen, solltest Du es Dir gut überlegen, ob Du dies ansprechen und kritisieren möchtest.

> *In meine zweiten Vorbereitungsjahr hatte ich eine ältere, sehr erfahrene Kollegin, die in der Parallelklasse Mathematik unterrichtet hat. Ratsuchend ging ich zu ihr, um zu erfahren, ob ihre Schüler auch so große Probleme mit dem Thema Kreis hätten. Entgeistert hat sie mich angesehen und gefragt, warum ich das schon in der sechsten Klasse durchnehme.*
>
> *Auf meinen Verweis auf den Lehrplan – ich habe vorsichtshalber vom „neuen Lehrplan" gesprochen – fragte sie nach, was denn der neue Lehrplan sei. Ich kommentierte nur, der stünde im Lehrerzimmer in einem grünen Ordner. Dass er zu diesem Zeitpunkt bereits seit vier Jahren für die sechste Klasse gültig war, dachte ich mir lediglich.*
>
> *Für den Rest des Jahres war ich auf Betreiben dieser Kollegin unter vielen Kollegen nur noch der „Klugscheißer". Sie selbst sprach ab sofort nur das Nötigste mit mir.*
>
> Silke A.

Kurz zusammengefasst: Eine Kollegin ignoriert seit Jahren den aktuellen Lehrplan, dies realisiert sie in einem Gespräch mit der Lehramtsanwärterin, doch statt ihr zu danken, ist sie beleidigt und startet einen – glücklicherweise nur leichten – Mobbingversuch im Kollegium gegen sie.

Bedenke auch, dass es in vielen Lehrerkollegien noch immer verpönt ist, gezielt Karriere machen zu wollen. Wenn Du also gerne mit Krawatte zum Unterricht erscheinst, nebenbei an Deiner Doktorarbeit schreibst oder engen Kontakt zu Schulleitung, Schulamt oder politischen Parteien pflegst, musst Du damit rechnen, dass manch ein Kollege Dich als Karrieristen abstempeln und dafür verurteilen wird.

Bitte versteh mich nicht falsch – Du sollst Dich nicht verstellen und auch nicht zum Duckmäuser werden. Überlege in Deiner Position als ReferendarIn jedoch gut, ob Du wirklich jeglichen Missstand sofort ansprechen musst, ob Du wirklich jede Deiner außerschulischen Aktivitäten an die große Glocke hängen willst. Denke immer daran: Dein Ziel ist es, die nächsten 40 Jahre etwas zu bewegen, nicht nur während zweier Referendariatsjahre!

Spiritus Rector – Dein/e SeminarleiterIn

Seminarleiter in der Lehrerbildung stehen ihren Schützlingen in der Regel eher positiv gegenüber. Führe Dir immer vor Augen, dass Seminarleiter in vielen Systemen bewusst auf eine Karriere in Schulamt oder Schulleitung verzichtet haben, da sie dort zu sehr mit Verwaltungsaufgaben und zu wenig mit Menschen zu tun hätten. Sie wollen den Kontakt zu Junglehrern und wollen diese gut auf ihren Beruf vorbereiten. Da sie Euch einerseits helfen, unterstützen und ausbilden, Euch andererseits aber auch bewerten, existiert großes Konfliktpotenzial:

- Auf der einen Seite will Dein Seminarleiter Dich zu einer guten Lehrkraft ausbilden, will Dich bei Deiner Entwicklung unterstützen und will Dir helfen, Deine Probleme mit Unterricht und Klasse in den Griff zu bekommen. Deshalb erwartet er von Dir natürlich Ehrlichkeit und dass Du mit ihm offen über Schwierigkeiten – beispielsweise mit mangelnder Autorität, renitenten SchülerInnen und der Vielzahl an Aufgaben – sprichst.
- Auf der anderen Seite beurteilt Dein Seminarleiter weniger Deine Entwicklung als Deine Kompetenz. Und hier werden fehlende Autorität, Probleme mit schwierigen Schülern und eine generelle Überforderung in vielen Fällen negativ zu Buche schlagen.

Ein immer wiederkehrendes, in Gesprächen mit Referendaren und Junglehrern wirklich auffällig oft geäußertes Problem ist die Umsetzung ‚gut gemeinter Ratschläge' der Seminarleitung. Natürlich sind die Tipps Deines Seminarleiters tatsächlich gut gemeint und viele von ihnen können Dir tatsächlich helfen, in Unterricht und Schule zu bestehen. Problematisch scheint es jedoch zu werden, wenn LehramtsanwärterInnen – aus welchen Gründen auch immer – die Ratschläge ihres Seminarleiters nicht umsetzen. Hier scheinen einige geradezu beleidigt zu reagieren, was unter Umständen in einem negativen Verhältnis oder sogar in schlechten Beurteilungen resultiert.

> *Wir waren von den anderen im zweiten Ausbildungsjahr ja schon vorgewarnt worden. Aber so krass hatte es keiner von uns erwartet. Wenn unsere Ausbildungslehrerin uns nach einer Stunde einen Tipp gegeben hat, oder auch nur eine mögliche Alternative aufgezeigt hat, wie man die Stunde noch hätte halten können, musste man dies in der nächsten Stunde wirklich einhundertprozentig genau so machen.*
> *Alles andere betrachtete sie als Zitat: „gestörte Beziehungsebene", da wir sie nicht ernst nehmen würden und beratungsresistent seien.*
>
> Frank K.

Eine wirkliche Ideallösung kann es für dieses Problem nicht geben, aber am besten fährst Du wohl mit folgender Vorgehensweise:

1 Höre Dir die Kritik und die Verbesserungsvorschläge Deines Seminarleiters wirklich an und nimm diese bewusst wahr. Gerade im Anschluss an eine „Vorführ-Stunde“ neigen junge Lehrkräfte häufig dazu, jegliche Kritik abzubügeln und selbst auf konstruktives Feedback abwehrend zu reagieren.

2 Mit etwas Abstand solltest Du die Ideen Deiner Seminarleitung oder Deines Ausbildungslehrers überdenken und diese rational bewerten. In den meisten Fällen sind Seminarleiter und Seminarleiterinnen nicht umsonst in diese Position gekommen. In den meisten Fällen haben diese wirklich viel Ahnung vom Unterrichten. Und selbst wenn nicht – zumindest die Erfahrung kannst Du Ihnen nicht absprechen. Überprüfe also die Vorschläge und Tipps Deiner AusbilderInnen und erprobe diese in Deinem regulären Unterricht.

3 Bemühe Dich um eine möglichst objektive Bewertung – selbst unsympathische Vorgesetzte und notorische Nörgler können ab und an gute Ideen haben und sinnvolle Ratschläge geben.

4 Dieser letzte Punkt ist für viele Lehramtsanwärter der schwierigste. Wenn Du eine Entscheidung getroffen hast, ob der Verbesserungsvorschlag Deiner Seminarleitung zu Dir, Deinem Unterrichtsstil und vor allem zu Deinen Schülerinnen und Schülern passt, solltest Du die Initiative ergreifen und auf Deine Seminarleitung zugehen:

- Teile ihm oder ihr mit, dass Du die Tipps ausprobiert hast, diese funktionieren und Du sie in Zukunft berücksichtigen wirst. Dies kann vor allem als Holzhammermethode für vergessliche Seminarleiter dienen, die in einer Vorführstunde genau das kritisieren, was sie Dir in der vorherigen geraten haben.
- Oder aber Du teilst ihm oder ihr mit, dass Du dankbar für den Ratschlag bist, Du ihn ausprobiert hast, aber in Zukunft nicht weiter umsetzen wirst. Dies kann natürlich heikel sein. Begründe also stichhaltig und zeige, weshalb der Tipp zwar nicht falsch, für Dich aber nicht praktikabel ist.

Unter Umständen kann es Dein Verhältnis zu Deiner Seminarleitung etwas entspannen, wenn Du Dir vor Augen führst, dass auch diese sich in einer schwierigen Situation befindet. Seminarleiter und Seminarleiterinnen zählen im Biotop Schule nämlich nicht zur allerbeliebtesten Spezies. Für Schulleitungen erschweren die Bedürfnisse von Seminaristen, aber auch die von Seminarleitern die jährliche Unterrichtsplanung und Stundenplangestaltung. Für Kollegen und Kolleginnen ist es jedes Mal aufs Neue nervig, wenn Räume getauscht, Unterricht vertreten oder Klassen freigestellt werden müssen, um den Besuch eines Seminars oder

Seminarleiters zu ermöglichen. Für all dies kann Deine Seminarleitung zwar nichts, es wird jedoch letztendlich viel zu häufig bei ihr abgeladen.

In einem Boot – wir im Seminar

Natürlich sitzen Du und Deine SeminarkollegInnen in ein und demselben Boot. Leider sehen dies erfahrungsgemäß nicht alle LehramtsanwärterInnen genau so. Umso stärker es auf Abschlussprüfungen zugeht, um so näher das Ende Eurer gemeinsamen Zeit rückt, umso deutlicher werden sich die Kollegen und Kolleginnen herauskristallisieren, die auch in Zukunft das eigentlich überholte Bild der Lehrkraft als Einzelkämpfer prägen werden:

- Sie stellen erkrankten Lehramtsanwärtern Unterlagen und Mitschriften plötzlich nicht mehr zur Verfügung,
- kritisieren bei Unterrichtsbeobachtungen besonders streng und unpassend,
- stören Referate durch sinnlose Zwischenfragen und bemühen sich, den Vortragenden aus dem Konzept zu bringen und
- reden hinter dem Rücken der anderen – auch gegenüber der Seminarleitung – negativ über diese.

Meine Tipps für diese Situationen:

1. Halte Dich aus diesen Spielchen einfach raus. Du machst Deinen Job so gut Du kannst und was die anderen tun, sollte Deinen Erfolg oder Misserfolg nicht beeinflussen.
2. Unterstütze weiterhin erkrankte oder schwächere Kollegen und Kolleginnen – selbst wenn dies nicht immer und nicht von jeder Seminarleitung gesehen und wertgeschätzt werden kann, ist gerade diese gegenseitige Unterstützung im Seminar, aber auch im Schuldienst elementar.
3. Sprich Konflikte und negatives Verhalten anderer bei Bedarf offen an – wie Du dies tust, hast Du im Kapitel *Konfliktmanagement* erfahren.

Freund oder Feind – Vom Umgang mit Eltern

Selbstverständlich gibt es nicht DIE Eltern – Eltern und Erziehungsberechtigte sind so unterschiedlich wie Deine Schülerinnen und Schüler, aber auch so unterschiedlich wie die Menschen in Deinem Kollegium. Deshalb kann es an dieser Stelle nur darum gehen, Dir eine Auswahl an potenziellen Konfliktfeldern und Unterstützungen aufzuzeigen. Außerdem werde ich auf den Punkt *Elterngespräche* eingehen, da sich viele Junglehrer hier vom Studium besonders schlecht vorbereitet fühlen.

In der Schulpraxis beobachtete Konflikte zwischen Lehrkraft und Eltern:

Der Lehramtsanwärter	**Die Eltern ...**
sieht den Schüler auf einer Realschule bestens aufgehoben	sehen ihren Sohn am Gymnasium
möchte an Abend und Wochenende abschalten	wollen jederzeit eine aktive Teilnahme der Lehrkraft an WhatsApp-Gruppen und Elternstammtisch
erwartet Disziplin von den Schülern	möchten für ihre Tochter die Möglichkeit zur absolut freien Entfaltung
möchte alle Schüler und Schülerinnen gleichermaßen fördern	sind (natürlich) an der Förderung des eigenen Kindes interessiert
sieht sich als vollwertige, kompetente Lehrkraft	sehen den Lehramtsanwärter als unerfahrenen Frischling, der hoffentlich nicht zu viel falsch macht

Eine positive Zusammenarbeit mit Eltern, ein positives Verhältnis kann in vielen Fällen unterstützend wirken. Hier eine kleine Auswahl an tatsächlich in verschiedenen Schulen beobachtetem Elternengagement:

- Eltern, die einen Lehramtsanwärter bereitwillig als zusätzliche Aufsichtsperson bei Ausflügen, Lesenächten und Schullandheimaufenthalten begleiten
- Eltern, die bei Klagen der Lehrkraft sofort auf die eigenen Kinder einwirken
- Eltern, die eine Grundschulklasse beim Thema *Milch* mit unterschiedlichsten Leckereien aus der örtlichen Molkerei versorgen
- Eltern, die einer Schulklasse eine Berghütte für eine spannende Lesenacht überlassen

Denk einfach daran, dass Du einerseits auf die Zusammenarbeit mit Eltern angewiesen bist – keine Deiner Erziehungs- und Ordnungsmaßnahmen wird Früchte tragen, wenn die Eltern diese nicht ernst nehmen, sondern gemeinsam mit ihren Kindern über den überforderten Referendar lachen – dass Du andererseits aber auch nicht jeden Elternwunsch erfüllen kannst und willst. Im Idealfall ziehen die Eltern und Du gemeinsam an einem Strang.

Leider fallen gerade Elterngespräche vielen Lehrkräften – naturgemäß vor allem jungen, unerfahrenen Lehrkräften – besonders schwer. Deshalb gestaltest Du sie am besten anhand des folgenden Leitfadens in fünf Schritten:

0 Vorbereitung

1 Erster Kontakt

2 Einstieg und Anlass

3 Informationsaustausch

4 Lösungen finden

5 Gespräch beenden

Schritt 0 – Vorbereitung

Ein erfolgreiches Elterngespräch beginnt bereits, bevor Ihr Euch gegenübersteht – nämlich mit der Vereinbarung des Gesprächs. Sollten die Eltern um ein Gespräch bitten oder ankündigen, in Deiner Sprechstunde vorbeizukommen, solltest Du unbedingt den Grund erfragen. Nur so kannst Du Dich gezielt darauf vorbereiten.

Wenn Du um ein Gespräch bittest, solltest Du ebenso fair sein, den Grund zu nennen. Andernfalls verfallen manche Eltern in Panik, welche negative Nachrichten sie erwarten mögen und fallen aus allen Wolken, wenn Du ihnen von ihrem Kind vorschwärmst und den Wechsel auf eine höhere Schulform vorschlägst. Achte dabei auf wirklich positive Formulierungen. Eltern kommen selbstverständlich wesentlich ruhiger und lieber zu einem Gespräch, in dem es darum geht „ihrem Sohn zu helfen, sich noch besser auf den Unterricht zu konzentrieren" oder „Wege zu finden, die Freude am Lesen zu wecken" als zu Terminen, in denen die „extreme Unkonzentriertheit" und die „Defizite beim Lesen" besprochen werden sollen.

Schritt 1 – Erster Kontakt

Bereits in den ersten Sekunden der Begegnung machen Eltern sich einen Eindruck von Dir. Sollte dieser negativ sein, wird es schwer, ihn zu ändern, eine gemeinsame Basis zu finden oder Spannungen zu lösen. Deshalb einige Tipps:

- Gegebenenfalls kann es sinnvoll sein, die Eltern am Eingang der Schule oder am Lehrerzimmer abzuholen.
- Stelle Dich bei einer erstmaligen Begegnung – seltsamerweise wird dies von vielen Lehrern und Lehrerinnen häufig vergessen – mit Namen vor.
- Sprich die Eltern mit Namen an und danke ihnen für die Zeit, die sie sich genommen haben. Vergiss nie: Ein Elterngespräch ist für Dich Bestandteil Deines Jobs, viele Eltern aber haben sich dafür bei ihrem Arbeitgeber freigenommen,

haben einen Babysitter organisiert oder andere Unannehmlichkeiten auf sich genommen. Würdige dies!

Schritt 2 – Einstieg und Anlass

Vermittle den Eltern bereits zu Beginn des Gesprächs den Eindruck, dass Du Interesse an einer positiven Entwicklung des Kindes hast und fasse den Anlass für das Zusammenkommen kurz zusammen, wenn Du darum gebeten hast. Haben die Eltern um ein Gespräch gebeten, solltest Du ebenfalls kurz schildern, welchen Anlass Du bei der Terminvereinbarung herausgehört hast. Ansonsten kannst Du die Eltern bitten, den Grund für Ihren Besuch kurz darzustellen.

Achte bei Deiner Zusammenfassung auf positive Formulierungen und vermeide Verallgemeinerungen:

negativ	**positiv**
Wir sitzen hier zusammen, weil es Ihrer Tochter schwerfällt, im Unterricht still zu sitzen.	Wir sitzen hier, um Ihrer Tochter zu helfen, sich besser auf den Unterricht zu konzentrieren.
Ich wollte mit Ihnen sprechen, weil Ihr Sohn sehr häufig zu spät kommt.	Ich wollte mit Ihnen sprechen, um Wege zu finden, dass Ihr Sohn rechtzeitig zu Unterrichtsbeginn im Klassenzimmer ist.

Gerade im letzten Beispiel bietet sich auch eine stärkere Ausweitung der Kernaussage an: „Ich wollte mit Ihnen Wege finden, ihrem Sohn gemeinsam die Wichtigkeit von Regeln aufzuzeigen.

Außerdem solltest Du wie in jedem Gespräch Verallgemeinerungen vermeiden – folgende Phrasen sind demnach ein absolutes No-Go:

„Ihr Sohn stört **immer** den Unterricht."

„Ihre Tochter macht **nie** ihre Hausaufgaben."

Schritt 3 – Informationsaustausch

Tausche mit den Eltern Informationen zum Thema aus. Wenn Du um das Gespräch gebeten hast, schilderst Du das Verhalten der Schülerin oder des Schülers sowie die Gedanken und Vermutungen, die Du diesbezüglich anstellst. Achte dabei auf Folgendes:

Benenne das Verhalten, nicht Persönlichkeitseigenschaften:

„Er hat die meiste Zeit aus dem Fenster geblickt."

statt

„Er ist unaufmerksam."

Betone, dass es sich um Deine Vermutungen handelt:

„Ich vermute, dass Eileen zu spät ins Bett gegangen ist.“
statt
„Eileen schläft zu wenig.“

Wenn die Eltern um das Gespräch gebeten haben, bittest Du sie zunächst, von ihren Beobachtungen und Überlegungen zu berichten. Dabei solltest Du ...

- Dir Notizen machen,
- Blickkontakt suchen,
- aufmerksam zuhören und
- gezielt nachfragen („Habe ich richtig verstanden, dass Sie ...“).

Abschließend kannst Du eine kurze Zusammenfassung dessen geben, was bei Dir angekommen ist.

Schritt 4 – Lösungen finden

Nachdem Ihr nun beide informiert seid, können Du und die Eltern daran gehen, Lösungsansätze zu finden. Was kann getan werden, um dem Schüler oder der Schülerin zu helfen, seine oder ihre Schwierigkeiten in den Griff zu bekommen oder Fortschritte zu stabilisieren? Hier solltet Ihr zunächst alle Ideen sammeln, um daraus dann einen Interventionsplan zu erstellen. Beantwortet gemeinsam bei jeder Maßnahme folgende Fragen:

- Wann und wie lange sollen diese umgesetzt werden?
- Wer ist zuständig?
- Woran seht ihr den Erfolg der Maßnahme?

Abschließend ist es noch wichtig, einen Anschlusstermin im Blick zu halten. Wollt Ihr Euch in sechs Wochen wieder austauschen oder ist dies zu spät? Außerdem solltest Du noch einmal nachfragen, ob die Eltern mit der Vorgehensweise einverstanden sind. Manche Eltern fühlen sich in derartigen Gesprächen überfordert und trauen sich nicht, Einwände vorzubringen. Vergewissere Dich, dass ihr alle an einem Strang ziehen werdet.

Schritt 5 – Gespräch beenden

Der große Knackpunkt für Lehrerinnen und Lehrer ist es, ein Elterngespräch zu beenden. Umso mehr gilt dies noch für Lehramtsanwärterinnen und -anwärter. Nach eigenen Aussagen wird dann das Besprochene wieder und wieder durchgekaut:

> *Mir ist aufgefallen, dass auch die Eltern genau wussten, dass das Gespräch vorbei ist. Nur haben wir uns wieder und wieder im Kreis gedreht und alles wiederholt, weil niemand aufstehen und das Gespräch beenden wollte.*
>
> Stephan K.

Am einfachsten ist es, wenn Du Dich deshalb am Ende eines Elterngesprächs an einen ganz einfachen Fahrplan hältst:

1. Gehe zurück zum Ausgangspunkt und wiederhole, weshalb Ihr Euch getroffen habt.
2. Fasse das Ergebnis Eures Gesprächs zusammen. Betone dabei, wie beide Parteien in den nächsten Wochen agieren werden.
3. Frage nach, ob den Eltern noch etwas unklar ist.
4. Sprich ein weiteres Treffen an, an dem Ihr die Fortschritte besprechen und Euer Verhalten anpassen wollt. Sprecht an dieser Stelle auch ab, wer wen kontaktiert oder legt bereits einen Termin fest.

Soweit so gut – was aber, wenn Ihr keinen Konsens findet? Was, wenn die Eltern mit Deinen Maßnahmen nicht einverstanden sind, wenn Ihr einfach auf keinen gemeinsamen Nenner kommt? Natürlich muss auch in einem derartigen Fall das Gespräch beendet werden. Sinnvoll ist es dann allerdings, darauf hinzuweisen, dass Du das Gesagte auf Dich wirken lassen wirst, dass Du Dir Gedanken über mögliche Lösungen machst und dass es Dich freuen würde, wenn die Eltern genau so verfahren würden. Anschließend könnt Ihr Euch auf ein weiteres Treffen verständigen.

Aus der Praxis für die Praxis – Umgang mit schwierigen und aggressiven Eltern

Gott sei Dank sind Eltern, die Lehrkräfte körperlich oder anderweitig angehen die absolute Ausnahme – diese Erkenntnis jedoch bringt Dir nichts, wenn gerade Du es bist, der von einem Vater angegriffen oder von einer Mutter des übergriffigen Verhaltens bezichtigt wirst. Deshalb an dieser Stelle einige Möglichkeiten, wie Du Konflikte entschärfst und wie unterschiedliche Schulen dies handhaben:

- Natürlich werden niemals alle Eltern mit dem Unterricht, der Erziehungsarbeit, der Einschätzung des eigenen Kindes, der Nase oder ... einer Lehrkraft einverstanden sein. Dies gilt noch mehr für einen Lehramtsanwärter, der frisch von der Uni kommt und *„natürlich keine Ahnung hat“*. Eltern werden Dich und Deine Tätigkeit hinterfragen, kritisieren und dabei gelegentlich das gesunde Maß übersteigen.
- Wenn Dein Gegenüber dabei lauter und lauter wird, solltest Du genau das Gegenteil tun und ruhiger und leiser sprechen – nicht jedoch unterwürfig und

verängstigt. Es kann große Souveränität ausstrahlen, trotz eines schreienden Vaters das Gespräch ruhig und gelassen weiterzuführen. Sollte dieser sich nicht beruhigen, kannst Du das Gespräch immer noch abbrechen: „Ich habe das Gefühl, dass uns dies im Moment nicht weiterbringt. Lassen Sie uns das Gespräch später fortsetzen." Dabei solltest Du bereits aufstehen und so auch durch Deine Körpersprache signalisieren, dass der Termin zu Ende ist.

- Wütende, aggressive Gesprächspartner neigen häufig dazu Killerphrasen zu benutzen, auf die es eigentlich keine richtige Antwort geben kann:
  - „Davon haben Sie als Anfänger doch keine Ahnung."
  - „Dürfen/Können Sie das überhaupt schon?"
  - „Das ist doch nur Theorie! Sie sind nicht mehr an der Uni!"

Hier kannst Du Dir persönliche Angriffe verbitten, darauf hinweisen, dass Du gerne – und ausschließlich – auf der Sachebene weitersprichst.

- Schwierig wird es für viele auch, wenn Aggressionen und Angriffe in Fragen verpackt werden: „Warum haben Sie mir nicht früher gesagt, dass mein Sohn seine Hausaufgaben nicht macht?" Lass Dich hier nicht zu Ausflüchten hinreißen: „Wir hatten in den letzten Wochen viele Konferenzen und außerdem steht meine Lehrprobe vor der Tür." Wenn Du Deinen Job gut und gewissenhaft erledigt hast, hast Du Dir nichts vorzuwerfen. Hier bieten sich unterschiedliche Taktiken an:
  - „Ja, aber"-Taktik: „Ihre Frage ist sicherlich berechtigt, aber Sie sollten auch bedenken, dass ich mehrere Nachrichten in seinem Hausaufgabenheft hinterlassen und mehrfach bei Ihnen angerufen habe."
  - (Neu-)Interpretation der Frage: „Verstehe ich Sie richtig, dass Sie sich eine engere Zusammenarbeit und einen intensiveren Austausch wünschen? Das finde ich sehr gut und dann ist das heutige Treffen ein guter Einstieg."
  - Aufschieben: „Diese Frage ist sicherlich berechtigt, aber darf ich sie noch etwas aufschieben?"
  - Gegenfrage: „Wie wünschen Sie sich die Kontaktaufnahme?"
- In der Regel ist bei Elterngesprächen keine weitere Lehrkraft vorhanden, aber natürlich kannst Du dies anders praktizieren. Gerade wenn Du Dich unsicher fühlst, ein starker Konflikt oder ein wirklich großes Problem existiert oder Eltern als aggressiv bekannt sind, solltest Du Dir einen Kollegen dazu holen. Dies lässt sich leicht begründen, wenn dieser auch das Kind der Eltern unterrichtet: „Ich habe Herrn Kollegen Meier dazu gebeten, damit wir auch die Sicht einer anderen Lehrkraft hören."
- Natürlich ist es toll, wenn Du Dich terminlich an den Bedürfnissen der Eltern orientierst. Ein Gespräch mit extrem schwierigen Eltern spätnachmittags in der menschenleeren Schule ist jedoch keine gute Idee. Gerade hier solltest Du einen Kollegen bitten, anwesend zu sein, oder zumindest den Hausmeister in-

formieren. An einigen Schulen sind Elterngespräche den Lehrerinnen und Lehrern nach einer bestimmten Uhrzeit sogar verboten.

10 Gebote für erfolgreiche Elterngespräche

1 Zeige den Eltern, dass Du Dich für ihre Meinung, Einschätzung und Probleme interessierst. Dass Du nicht meinst, am längeren Hebel zu sitzen.

2 Halte Dich an die üblichen Regeln für Anstand und Höflichkeit – begrüße die Eltern mit Handschlag, biete ihnen einen Stuhl an und lass sie aussprechen.

3 Bemühe Dich, aktiv zuzuhören – Blickkontakt, Kopfnicken, zustimmendes „ja“, kurze Zusammenfassungen des Gesagten, Nachfragen, Spiegeln von Gedanken und Gefühlen sind hier wichtige Elemente.

4 Sprich die Sprache der Eltern – Fachchinesisch und möglichst unverständliche „Behördensprache“ gibt gerade Eltern, deren Muttersprache nicht Deutsch ist, das Gefühl, untergebuttert zu werden.

5 Achte auf eine den Eltern zugewandte, offene Körpersprache.

6 Platziere Euch am besten so, dass Ihr über Eck sitzt. Eine frontale Sitzposition wird häufig als konfrontativ wahrgenommen.

7 Ein Schild an der Türe und ein Smartphone im Flugmodus ermöglichen eine störungsfreie Gesprächsatmosphäre.

8 Auch wenn Du der Experte oder die Expertin bist – halte Dich mit Ratschlägen zurück. Mache Angebote und Vorschläge – führe die Eltern dazu, Dir zu folgen und zuzustimmen.

9 Vermutlich machst Du Dir während des Gesprächs Notizen – sehr wertschätzend wird es von vielen Eltern wahrgenommen, wenn Du ihnen diese zukommen lässt.

Abschließend ein Tipp für eine wirklich heikle Situation, die nach Auskunft von Lehrkräften mittlerweile gehäufter auftritt als früher – den Besuch von Eltern mit anwaltlicher Unterstützung:

10 Der Eindruck, „dass Lehrkräfte gegenüber Eltern, die bereits wegen Kleinigkeiten mit Rechtsanwälten drohen, weitgehend wehrlos wären ... ist ... rechtlich unbegründet. ... Bei allen pädagogisch-organisatorischen Entscheidungen in der Schule ist als Rechtsbehelf lediglich eine formlose Beschwerde möglich, die zwar durch einen Rechtsanwalt eingelegt werden könnte, aber keine gerichtliche Überprüfung zur Folge hat. ... Lediglich bei formalisierten

Entscheidungen wie Nichtversetzungen, Nichtbestehen von Prüfungen, Nichtzulassungen zu weiterführenden Schulen oder Schulordnungsmaßnahmen sind förmliche Rechtsmittel wie Widerspruch zur Schulaufsichtsbehörde und ggf. anschließende Klage vor dem Verwaltungsgericht zulässig, in diesen Fällen ist eine anwaltliche Vertretung nach den Regeln der VwGO zulässig und wird auch häufig praktiziert. Unzulässig ist hingegen das Auftreten von Rechtsanwälten außerhalb förmlicher Verfahren, z.B. bei Gesprächen von Eltern mit einer Lehrkraft." (Dr. Wolfgang Bott auf https://lehrerblog.raabe.de/schule-eltern-anwaelte-grund-zur-panik/)

Klassenelternabend

Dass Dein erster Elternabend Dich unter Druck setzt und Du Dich schon im Vorfeld gestresst fühlst, ist ganz normal. Auch wenn Du Dich schon nach einigen wenigen Wochen im Schuldienst daran gewöhnt haben wirst, vor Kindern und Jugendlichen zu stehen und alle Augen auf dich gerichtet zu sehen, ist ein Elternabend doch noch einmal etwas ganz anderes. Doch alle Ängste nutzen nichts – da musst Du durch; vor allem wirst Du schnell merken, dass die meisten Ängste unnötig sind, wenn Du gut vorbereitet bist.

In der Regel dient ein Elternabend dazu, Klassensituation, Wünsche, Probleme und Planungen zu diskutieren, vor allem aber dazu, die Beziehung zwischen Eltern, Lehrkraft und Schule zu pflegen. Außerdem wird am ersten Elternabend die Elternvertretung gewählt – dazu jedoch später mehr.

Für Dich als Referendar oder Referendarin ist der Elternabend auch Deine ganz persönliche Visitenkarte. Hier hast Du die Chance, von den Eltern als vollwertige Lehrkraft wahrgenommen zu werden, bei der die eigenen Kinder in guten Händen sind, nicht als blutiger, überforderter Anfänger, der hoffentlich nicht zu viel verpfuschen wird.

Die Ausführungen zum Klassenelternabend werde ich bewusst kurzhalten, da hier die Unterschiede einfach zu groß sind:

> *Zu meinem Klassenelternabend (heißt das so???) in der wichtigen sechsten Klasse [hier steht evtl. ein Übertritt in eine M-Klasse an] kamen die Eltern von zwei Schülern. Eine Mutter wollte unbedingt mich wiedersehen, da sie mich vor etlichen Jahren selbst als Lehrer hatte. Die anderen Eltern wollten wissen, wie sie ihr Kind am schnellsten von der Schule und an ein Gymnasium bekommen.*
>
> Stefan K.

> *Es ist üblich, an solchen Abenden in den Musikraum auszuweichen, da durchschnittlich mehr als ein Elternteil pro Kind kommt und wir so im Klassenzimmer nicht genug Platz haben. Vergangenes Jahr wollte ein Vater sogar detailliert wissen, welche Version unserer CAD-Software wir verwenden.*
>
> Milan, G.

Basics

Die Einladung zum Elternabend erfolgt schriftlich – hier habe ich darauf verzichtet, Dir ein vorformuliertes Dokument zum Download zur Verfügung zu stellen, dass Du sowieso nicht nutzen wirst, da ...

- an vielen Schulen standardisierte Vordrucke existieren
- die meisten Lehramtsanwärter Wert auf ihren eigenen Entwurf legen.

Wichtig für Dich ist, dass Du die Bestätigung der Eltern, diese Einladung erhalten zu haben, von Deinen Schülerinnen und Schülern konsequent einforderst und kontrollierst. So kann niemand sagen, er hätte von nichts gewusst. Achte bei der Einladung darauf, nicht zu bürokratisch im Beamtendeutsch zu formulieren – Du möchtest die Eltern weder verschrecken noch einschüchtern.

Dass der Raum, in dem die Veranstaltung durchgeführt wird, nicht nur gut gelüftet, ordentlich und sauber, sondern im Idealfall auch mit Schülerarbeiten kunstvoll dekoriert ist, versteht sich von selbst. Hier kann ein guter Kontakt zu Kunstlehrer oder Kunstlehrerin helfen. Auch wenn die meisten ‚alten Hasen' die Sitzordnung unverändert lassen, solltest Du Dir gut überlegen ob dies sinnvoll ist. Gerade um mit Eltern ins Gespräch zu kommen, kann ein Sitzkreis sinnvoll sein. Wenn Du in der Grundschule unterrichtest, ist es sogar sinnvoll, in ein Zimmer auszuweichen, in dem größere Stühle vorhanden sind. Eltern, die sich während des gesamten Abends auf Kinderstühle zwängen müssen, haben wenig Grund sich wertgeschätzt zu fühlen und Dir wohlgesonnen zu sein.

Atmosphäre

Selbstverständlich gelten die Grundregeln eines höflichen, von Anstand und Respekt geprägten Miteinanders nicht nur in Einzelgesprächen mit Eltern, sondern auch im Rahmen eines Klassenelternabends. Sei deshalb nicht nur pünktlich, sondern überpünktlich. So kannst Du – zumindest die ersten – Eltern per Handschlag begrüßen und Dir im Idealfall schon die ersten Namen einprägen.

Vergiss nicht, dass die meisten Eltern es anders als Du nicht gewöhnt sind, frei vor Gruppen zu sprechen. Deshalb ist es notwendig, dass Du die Stimmung auflockerst, um die Eltern zur aktiven Beteiligung zu motivieren. Am besten geht dies, in dem Du sie bittest, sich kurz vorzustellen („Hallo, mein Name ist ... Ich bin der Vater von ...“). Namensschilder, die je nach Altersstufe von den Kindern gestaltet wurden, erleichtern es Dir, die Eltern mit Namen anzusprechen und geben ihnen die Möglichkeit, sich untereinander anzusprechen.

Struktur

Natürlich entscheidest Du über Ablauf und Struktur des Elternabends. Bitte glaube mir, dass Du Dich schon allein dadurch positiv von vielen Lehrkräften unterscheidest, dass Du Dir überhaupt Gedanken über die Struktur machst und diese für die Eltern an Tafel oder Flipchart visualisierst.

Die Struktur an sich hängt selbstverständlich von Deinen Inhalten ab – achte jedoch darauf, die Eltern zu Beginn willkommen zu heißen, Dich für Ihr Erscheinen zu bedanken (auch wenn manche Lehrkraft dies anders sieht: Es handelt sich dabei nicht um eine Selbstverständlichkeit) und Dich am Ende des Abends von Ihnen zu verabschieden und auf Deine Sprechstunden oder mögliche Folgeveranstaltungen zu verweisen.

Inhalte

Naturgemäß variieren die Inhalte eines Klassenelternabends in Abhängigkeit von Altersstufe, Schulart und Schule sehr stark. Mögliche Themen sind:

- Klassenregeln
- erzieherische Maßnahmen
- Inhalte einzelner Fächer
- Besonderheiten der Jahrgangsstufe
- Entschuldigungspraxis bei Erkrankungen
- Leistungsfeststellungen
- Aufbau des Stundenplans
- Sprechstunde und Termine
- in der Klasse eingesetzte Fachlehrer
- Arbeitsgemeinschaften
- Hausaufgaben
- geplante Klassenfahrten
- Wahl der Elternvertreter

Wahl der Elternvertreter

Die Wahl der Elternvertreter ist für viele Eltern ein besonders heikler Punkt, an dem viele leider dazu neigen, abzutauchen. Von Bundesland zu Bundesland, aber auch von Schulart zu Schulart ist es abhängig, ob neben dem Elternbeirat auch Klassenelternsprecher zu wählen sind. Näheres dazu erfährst Du in den für Deine Schule geltenden gesetzlichen Grundlagen und auch von Deiner Schulleitung.

Egal ob es um die Wahl des Elternbeirats oder die der Klassenelternsprecher geht, solltest Du den Eltern deutlich machen ...

- dass Elternvertreter die Zusammenarbeit zwischen Elternhaus und Schule vertiefen.
- dies eine Möglichkeit ist, Einfluss auf die schulische Erziehung und Bildung zu nehmen.
- Du ernsthaftes Interesse an einer Zusammenarbeit hast.

„Freund oder Feind“ – Deine Schüler

Und? Heute schon Feindkontakt gehabt

Unzählige Lehrkräfte

In mehr als nur einem Lehrerzimmer habe ich die Frage erlebt, ob eine Lehrkraft heute schon „Feindkontakt“ gehabt hätte. Diese Formulierung – und genau deshalb steht ein Teil der Überschrift dieses Kapitels in Anführungszeichen – zeugt entweder von Gedankenlosigkeit oder, falls ernst gemeint, von einer Lehrkraft, die sich beruflich umorientieren sollte. Weder sind Deine Schülerinnen und Schüler – selbst die schlimmsten – Deine Feinde, noch sollen sie bei allem Engagement, pädagogischen Bezug und Einsatz Deine Freunde sein.

Wie jedoch sollte Deine Beziehung zu Deinen Schülerinnen und Schülern sein? Wie solltest Du diese aufbauen? Die Antwort(en) auf diese Frage füllen ganze Bücher, weshalb sie in diesem Survival Guide nicht vollumfassend geklärt werden kann. Dennoch an dieser Stelle einige Anregungen und Anekdoten, die Dir helfen sollen, Deine Beziehung zu Deinen Schülern zu reflektieren und bewusst zu gestalten.

Pädagogische Autorität

Schülerinnen und Schüler, die an Deinen Lippen hängen, widerspruchslos Deinen Anweisungen folgen und jedes Deiner Worte für bare Münze nehmen? Einerseits sind derart angepasste, unkritische junge Menschen eine Horrorvorstellung, andererseits ist es natürlich notwendig, dass Deine SchülerInnen in Dir eine Person sehen, der sie auch ohne Druck in Form von Sanktionen und Strafen gehorchen und an der sie sich in ihrem Verhalten orientieren. Den freiwilligen Gehorsam Deiner Schülerinnen und Schüler erreichst Du nicht durch autoritäres Verhalten, sondern dadurch, dass sie dich als Autoritätsperson ansehen. In der Literatur werden drei Aspekte pädagogischer Autorität unterschieden:

Amtsautorität – Vergiss es! Allein die Tatsache, dass Du dich nun Lehrer oder Lehrerin nennen darfst, wird Dir in einer Zeit, in der Autoritäten generell hinterfragt werden und Lehrkräfte für viele als „faule Säcke“ und „pädagogische Versager“ gelten, keine Autorität verleihen.

Was wollen Sie eigentlich? Hätten Sie es zu etwas gebracht, wären Sie kein Lehrer. Ich sehe auf dem Parkplatz jeden Tag ihr Auto. So eines fährt unsere Putzfrau.

anonymer Schüler eines Gymnasiums

Damit Deine Schülerinnen und Schüler Respekt vor Dir haben, Dir zuhören und Deinen Anweisungen Folge leisten, musst Du schon mehr zu bieten haben.

Fachautorität – schon deutlich wichtiger! Wenn Deine Schülerinnen und Schüler erkannt haben, dass Du wirklich Experte oder Expertin für die von Dir unterrichteten Fächer bist – dazu gehört allerdings auch die Fähigkeit, Dein Wissen und Deine Kompetenz weiterzugeben – werden sie dich deutlich bereitwilliger als Autoritätsperson akzeptieren, als wenn Du Dir im Stile Tarzans auf die Brust trommelst und „Ich Lehrer – Du Schüler" brüllst.

> *In meiner sechsten Klasse hatte ich einen sehr schwierigen Schüler, der beim schriftlichen Subtrahieren seit jeher riesige Probleme hatte. Ich habe ihm dann erklärt, dass ich sein System aus der Grundschule (Abziehverfahren) zwar kenne, jedoch anders arbeite (Ergänzungsverfahren). Nachdem wir dies gemeinsam geübt hatten, beherrschte er dieses Verfahren relativ sicher. Auch wenn ihm nicht immer ein tadelloses Verhalten gelang, gab er in den nächsten Wochen sein Bestes, um meinen Unterricht nicht zu stören, sondern sich aktiv zu beteiligen. Anderen Lehrkräften gegenüber schwärmte er geradezu von mir und sagte „Der K. ist der erste Lehrer, der mir das Minusrechnen beibringen konnte.*
>
> Ludwig K.

Ich meine, dieses Beispiel zeigt sehr gut auf, weshalb Du inhaltlich topvorbereitet in Deinen Unterricht gehen solltest und Dich nicht darauf verlassen darfst, der Klasse jeweils eine Unterrichtsstunde voraus zu sein. Sei ehrlich: Wie bereitwillig hängst Du an den Lippen eines Seminarleiters oder Dozenten, der zuletzt vor Jahrzehnten vor Schülern stand, heute Angst hat, vor eine Klasse zu treten, und dessen Ratschläge in der heutigen Schulwelt keinerlei Berechtigung haben? Nicht anders geht es auch Deinen Schülerinnen und Schülern. Zeig Ihnen, dass Du Fachmann oder Fachfrau bist und alles daran setzt, dass sie von Deinem Können profitieren. Gerade wenn Du in den höheren Jahrgangsstufen unterrichtest, ist Deine Fachautorität besonders wichtig.

Personenautorität – vor allem bei jüngeren Schülerinnen und Schülern die absolute Nummer 1! Gerade in der Grundschule lernen die wenigsten für gute Noten oder „das Leben". Hier lernen die meisten Kinder, weil ihre Lehrkraft doch sonst traurig ist. Auch eifern gerade die Jüngsten ihren Lehrerinnen und Lehrern besonders stark nach und lassen sich noch stärker als Teenager erziehen. Um von Schülerinnen und Schülern jedoch Personenautorität zugesprochen zu bekommen, ist es wichtig, dass Du Wert auf die folgenden Persönlichkeitseigenschaften legst:

- Auftreten
- Freundlichkeit
- Konfliktfähigkeit
- Durchsetzungsvermögen
- Kommunikationsfähigkeit
- Respektbereitschaft
- Ehrlichkeit
- Hilfsbereitschaft
- Offenheit
- Transparenz

Über all diesen Dingen thront eine Eigenschaft, ohne die Schüler und Schülerinnen dich nie als ernstzunehmende Autoritätsperson wahrnehmen werden: Authentizität! Authentisch sein ist der Gegenpol zu Fassadenhaftigkeit und zu einem Sich-verstellen. Was Authentizität gerade nicht ist, zeigt die Gegenüberstellung der folgenden Beispiele aus der Praxis an einer Münchner Realschule:

Lehrkraft A ...
ist Fußballfan und aufgrund seiner Heimat absoluter Fan des 1. FC Nürnbergs. Selbstverständlich ergeben sich vielfältige, auch hitzige Diskussionen mit seinen Schülern, die Anhänger Münchner Vereine sind. Hier vertritt sie argumentativ ihre Meinung, was von den Schülern honoriert wird. Trotz unterschiedlicher Lieblingsvereine akzeptieren sie ihre Einstellung, zollen ihr ob seiner Ehrlichkeit Respekt und sprechen nach einem – mal wieder – Abstieg aus der Bundesliga, ihr Beileid aus.

Lehrkraft B ...
ist weder Fußballfan noch hat sie sich bislang als Kenner oder begeisterter Urlauber der Türkei hervorgetan. Dennoch unterrichtet sie im Vorfeld eines wichtigen Länderspiels Deutschland – Türkei im Trikot der türkischen Nationalmannschaft. Dies empfinden nicht nur die deutschen Schülerinnen und Schüler, sondern auch die die Mehrheit stellenden türkischstämmigen Mitschüler als befremdlich und als unehrlich. Der Lehrer verfehlt sein Ziel, den SchülerInnen „sympathisch" zu werden und büßt aufgrund seines als anbiedernd und als unehrlich eingestuften Verhaltens massiv an Autorität ein.

Die klassische Fragen von Schülerinnen und Schülern an junge Lehrkräfte ist wohl die nach derem Nikotinkonsum. Meine Aufgabe für Dich: Entscheide Dich für eine der folgenden beiden Antwortmöglichkeiten oder formuliere eine für Dich bessere, durch die ein Raucher authentisch bleibt, aber dennoch nicht zum Rauchen animiert:

1. Frisch nach Rauch riechend: „Iiiiich? Rauchen? Nein! Ich doch nicht! Niemals! Definitiv nicht!"

2. Gierig blickend: „Wieso? Hast Du ne Fluppe für mich?"

Tipp

Sollte eine derartige Frage kommen, kannst Du Dich eigentlich glücklich schätzen – mit hoher Wahrscheinlichkeit hast Du eine gute Beziehung zu Deinen Schülerinnen und Schülern aufgebaut. Eine ihnen verhasste Lehrkraft würden sie wohl kaum nach privaten Dingen fragen.

Vermutlich merkst Du, nicht nur als RaucherIn kommen viele Situationen auf Dich zu, in denen Deine Authentizität auf die Probe gestellt werden wird. Was dies mit Deiner Autorität zu tun hat? Gegenfrage: Könntest Du einen erwachsenen Menschen ernst nehmen, der einem ertappten, pubertären Lausbub gleich, über den eigenen Nikotinkonsum schwindelt und diesen bestreitet?

Pädagogische Beziehung

Zu der Beziehung, die Du zu Deinen Schülerinnen und Schülern pflegen solltest, hast Du – vermutlich unter dem Stichwort *Pädagogischer Bezug* – sicherlich an der Uni schon genug gehört. Deshalb an dieser Stelle einige konkrete Ausführungen, wie es Dir gelingt, eine gute Beziehung zu Deinen Klassen aufzubauen:

- Authentizität, Authentizität und nochmals Authentizität – Kinder und Jugendliche merken, wenn Du ihnen etwas vorspielst. Aber das Thema hatten wir ja gerade erst ...
- Interessiere Dich für die Kinder und Jugendlichen, die Du unterrichtest. Den Angestellten einer Bank müssen die eingereichten Überweisungen nicht interessieren – Du hingegen bist fehl in Deinem Job, wenn dich Deine Schülerinnen und Schüler nicht interessieren. Lass Sie spüren, dass sie Dir am Herzen liegen.
- Die Vorviertelstunde, die Du vor Unterrichtsbeginn anwesend sein solltest/musst, gewährleistet die Aufsichtspflicht. Darüber hinaus ist sie die ideale Möglichkeit, Kontakt zu Deiner Klasse aufzubauen. Frag einfach nach, wie es im Sportunterricht war, ob sie nicht auch schon reif für die Ferien sind, wie die Probearbeit bei Deinem Kollegen lief etc.
- Das Grüßen wird aller Voraussicht nach noch in der einen oder anderen Lehrerkonferenz ein Thema sein – Du wirst dich wundern, wie lange man über die Frage, wer wen zuerst und auf welche Art und Weise grüßt, diskutieren kann. Frage dich, ob Dir tatsächlich ein Zacken aus der Krone bricht, wenn Du Deine SchülerInnen auf Gängen und im Pausenhof zuerst freundlich grüßt.
- Auch wenn Du dazu unter Umständen einen harten Kampf mit Deiner Seminarleitung ausfechten musst, ist es sinnvoll, als Begleitperson an Ausflügen und Klassenfahrten teilzunehmen. Dabei lernst Du Schülerinnen und Schüler aus ganz anderen Blickwinkeln kennen.

Wie individuell Erziehung im Allgemeinen, aber auch der konkrete Umgang mit Schülerinnen und Schülern ist, zeigt folgendes Beispiel:

> *In meinem ersten Jahr nach dem Referendariat hatte sich eine Gruppe von etwa sieben oder acht Schülern (ich hatte sie nicht als Klasslehrer, sondern lediglich im Sportunterricht) einen Spaß daraus gemacht, mir auf dem Pausenhof oder den Gängen Morddrohungen zuzurufen; im typischen Jargon ihres Umfelds: „Herr R., ich töte Ihnen“.*
>
> *Nachdem ich dies einige Wochen ignoriert hatte, teilweise spaßeshalber darauf hingewiesen habe, dass töten den Akkusativ erfordert, kam erneut ein Schüler zu mir und wies mich vor den Augen seiner Freunde darauf hin: „Herr R., ich töte Sie.“*
>
> *Als Reaktion darauf bedankte ich mich überschwänglich bei ihm, schüttelte ihm demonstrativ und enthusiastisch die Hand und erklärte ihm, dass er mir zeige, welch unglaublich toller Lehrer ich sei und dass mein Engagement hier nicht vergeblich sei.*

Die Fragezeichen in seinen, aber auch in den Augen seiner Mitschüler verschwanden erst, als ich ihnen scheinbar noch immer ganz aus dem Häuschen erklärt hatte, dass ich mich seit Wochen abmühe, ihnen richtiges Deutsch beizubringen. Und dass er endlich verstanden habe: Es heißt: „Herr R., ich töte Sie!" und eben nicht „Herr R., ich töte Ihnen."

Die Lacher – selbst die des vor seinen Freunden bloßgestellten Schülers – hatte ich auf meiner Seite, allen war nun klar, dass der Neue eigentlich recht cool war, und Morddrohungen habe ich – zumindest von dieser Schülergruppe – nie wieder erhalten. Pädagogischer Bezug aufgebaut, Klasse vorbildlich beim Besuch meines Schulrats, Ruf gerettet. Meine Reaktion ist im Nachhinein betrachtet richtig gewesen.

Wichtig jedoch ist zu wissen, dass diese Schülergruppe zwar prinzipiell schwierig war, jedoch nicht bösartig, kriminell oder gewalttätig. Wäre eine ähnliche Drohung von einem bestimmten anderen Schüler gekommen, wäre diese Reaktion definitiv falsch gewesen. Hier wäre die Drohung ernst zu nehmen gewesen und bereits auf die erste Drohung hätte eine Meldung bei meinem Schulleiter inklusive Verständigung der Jugendpolizei, Erstattung einer Anzeige und Verweis des Schülers von der Schule erfolgen müssen.

Günther R.

„Im Namen-Merken bin ich ganz, ganz schlecht!"

Dieses Zitat trifft auch auf Dich zu? Dann gibt es – neben einer Runde Mitleid – für Dich eigentlich nur eines: Ändere dies! Weshalb sollte Dir ein Schüler oder eine Schülerin Respekt, Achtung und Wertschätzung entgegenbringen, wenn Du es nicht einmal für nötig hältst, Dir seinen oder ihren Namen zu merken? Was, Du hast gaaaaanz viele unterschiedliche Klassen? Und musst Dir auch noch die Namen Deiner neuen Kolleginnen und Kollegen merken? Und die anderen ReferendarInnen im Seminar erst ...

Willkommen in der Realität! Hättest Du Dich für einen anderen Beruf entschieden und würdest als Junior Fondmanager einen millionenschweren Investor mit der Entschuldigung „Im Namen-Merken bin ich ganz, ganz schlecht." begrüßen, könntest Du Dir mit Sicherheit schnell einen neuen Arbeitgeber suchen.

Was? Das ist eine ganz andere Situation? Da hast Du natürlich recht – Deine Schüler sind als Kinder und Jugendliche wesentlich empfänglicher für Signale der Geringschätzung, können Respekt und Anstand aber nicht derart vehement einfordern, wie ein erwachsener, erfolgreicher Geschäftsmann. Deshalb: Präge Dir ihre Namen ein – am besten mit der Drei-Schritt-Methode:

1 Ändere Dein Mindset.
Auch wenn dies in Seminaren zum Gedächtnistraining immer wieder geäußert wird, ist diese Aussage falsch. Niemand ist schlecht im Merken von Namen; unter Umständen ist er jedoch zu bequem oder setzt die falsche Technik ein.

2 Präge Dir die Namen vorab ein.
Auch wenn Du im Referendariat und vor allem in den ersten Wochen genug um die Ohren hast, solltest Du Dir spätestens nach der ersten Schulwoche eine oder zwei Stunden Zeit nehmen, Dir die Namen Deiner Schülerinnen und Schüler anhand der Klassenlisten einzuprägen. Dies funktioniert prinzipiell wie Vokabelpauken und das solltest Du aus Schulzeiten noch kennen.

3 Wenn Du nun den Schüler oder die Schülerin vor Dir siehst, verknüpfst Du sein oder ihr Äußeres auf phantasievolle Weise mit dem Namen:

- Den Schüler Florian Grabmeier siehst Du natürlich auf einem frisch aufgeschütteten Grab stehen, wie er sich wegen seiner Flöhe am Kopf kratzt.
- Der Schülerin Sabine Gauck setzt Du in Gedanken eine Gauklermütze auf und lässt diese von Bienen umkreisen.

Das Ganze klingt abgedreht? Korrekt! Aber mit etwas Übung und Phantasie merkst Du Dir so auch ausgefallenere Namen. Wer hätte gedacht, dass Victor Tanevski zwischen zwei Tannen auf Skiern hindurchfährt und mit den Fingern ein Vitory-Zeichen formend gerade noch rechtzeitig vor einem Tor zum Stehen kommt?

Erziehungsmaßnahmen

Bei diesem Punkt haben meine Lektorin und ich eine intensive Diskussion geführt und Argumente ausgetauscht. Unsere Positionen lagen hier anfangs wirklich extrem auseinander:

Position 1: Über Erziehungsmaßnahmen schreiben wir nichts, denn zum einen haben die Leserinnen und Leser hier bereits wirklich genug im Studium gehört und zum anderen würden hier vollständige Ausführungen den Rahmen sprengen. Dazu wäre ein eigenständiger Ratgeber sinnvoller.

Position 2: Erziehungsmaßnahmen sind genau der Bereich, der für Junglehrer und Referendare besonders wichtig ist und diese interessiert. Hier benötigt jeder Berufseinsteiger einen Input, um im Klassenzimmer zu bestehen.

Wie so häufig im Gespräch mit Frau Dr. Albert ergab unsere Diskussion, dass das Ganze mehr ist als die Summe seiner Einzelteile und gemeinsam kamen wir zu einer – wie ich meine – für den Leser oder die Leserin sinnvollen Lösung: An dieser Stelle gebe ich einen kurzen Überblick über Erziehungsmethoden und kommentiere diese aus Sicht des Praktikers. Darüber hinaus jedoch verweise ich auf das ein oder andere praxisnahe Werk, das sich diesem Thema ausführlicher widmet. Zunächst jedoch habe ich eine Bitte an Dich:

Nimm Dir die Zeit und notiere alle Erziehungsmaßnahmen, die Dir einfallen. Denke dabei weniger an die universitäre Theorie zurück, als vielmehr an Deine Zeit als SchülerIn oder PraktikantIn an einer Schule. Hier findest Du auch ein Dokument im Zusatzmaterial unter www.utb-shop.de/9783825254056. Welche Erziehungsmaßnahmen haben Deine/die LehrerInnen eingesetzt?

- ______________________________
- ______________________________
- ______________________________
- ______________________________
- ______________________________
- ______________________________
- ______________________________
- ______________________________
- ______________________________
- ______________________________
- ______________________________

Und wenn Du nun fertig damit bist, möchte ich Dich noch um eine Kleinigkeit bitten:

> Markiere in Deiner Liste bitte
>
> - all die Erziehungsmaßnahmen grün, die positives Verhalten der Schülerinnen und Schüler verstärken,
> - rot verwendest Du für alle Erziehungsmaßnahmen, mit denen Lehrkräfte auf negatives Verhalten ihrer Schülerinnen und Schüler reagieren.

Und? Wie viele der von Dir aufgezählten Maßnahmen sind rot, wie viele grün? Zugegeben: Diese Aufgabe ist nicht ganz fair gewesen, da wir einerseits den Begriff *Erziehungsmaßnahmen* nicht klar definiert haben und andererseits wirklich jede Lehrkraft, jede/r ReferendarIn und jeder Lehramtsstudierender hier an potenzielle Reaktionen auf Fehlverhalten seiner Schülerinnen und Schüler denkt. Warum ich Dir diese gemeine Aufgabe dennoch gestellt habe?

Weil wir Lehrkräfte im Eifer des Gefechts viel zu häufig die unterstützenden Maßnahmen vergessen und positives Schülerverhalten entweder übersehen oder nicht (offen) wertschätzen. Viel zu häufig konzentrieren wir uns – angesichts aus dem Ruder laufender Klassen und vereinzelt sehr schwieriger Schülerinnen und Schülern verständlicherweise – auf die Maßnahmen, mit denen wir Fehlverhalten vordergründig schnell in den Griff bekommen und unseren Unterricht weiterführen können. Deshalb mein Tipp:

Tipp

Führe Dir vor Augen, dass auch schwierige Schülerinnen und Schüler positives Verhalten zeigen – zumindest zeitweise, zumindest in Teilbereichen.

Führe Dir vor Augen, dass es für diese Schülerinnen und Schüler keinen Grund gibt, dieses positive Verhalten erneut zu zeigen, wenn Du es nicht bemerkst oder es Dir – scheinbar – egal ist.

Deshalb an dieser Stelle zunächst Ausführungen zu den unterstützenden Erziehungsmaßnahmen. Gegenwirkenden Erziehungsmaßnahmen und Ordnungsmaßnahmen widmen wir uns später.

Aus der Psychologie kennst Du sicherlich den Begriff des Verstärkers. Als solche fungieren Lob und Belohnung. Egal ob es ein Fleißbildchen in der Grundschule, das ausgiebige Abschlussspiel im Sportunterricht der Sekundarstufe oder einfach nur ein „Toll gemacht!“ ist – Lob und Belohnungen werden von Lehrkräften eingesetzt, um Schülerinnen und Schüler zu animieren, positives Verhalten in Zukunft vermehrt zu zeigen. Beachte beim Einsatz von Lob und Belohnungen Folgendes:

- Vermeide Inflation! Wo Lehrkräfte bereits die bloße Anwesenheit ihrer Schüler oder das korrekte Abheften der Arbeitsblätter mit einem überschwänglichen Lob abfeiern, verliert dieses an Wirkung; selbst jüngste Schülerinnen und Schüler realisieren, dass Lob und Belohnung hier nichts wert sind.
- Achte gerade bei schwierigen Schülerinnen und Schülern darauf, positives Verhalten zu verstärken! Der Klassenclown, der ewige Störenfried oder der aggressive Schüler verdienen es genauso wie andere, für Positives gelobt zu werden. Sie benötigen diese Form der Verstärkung noch mehr als andere.
- Vergiss jedoch nicht, dass Lob und Belohnung auch einen großen Nachteil haben: Sie führen häufig dazu, dass das gewünschte Verhalten nur gezeigt wird, um gelobt oder belohnt zu werden; nicht, weil dieses von Schülerin oder Schüler als positiv gesehen wird. Sinnvoll, wenngleich schwieriger umzusetzen, ist deshalb die Erziehungsmaßnahme *Erfolgserlebnisse.*

Erfolgserlebnisse, ähnlich wie Ermutigungen, führen dazu, dass Schülerinnen und Schüler erkennen, wie wichtig und sinnvoll ihr positives Verhalten ist. Wenn ein Schüler erkennt, dass das Zustandekommen eines wichtigen Projekts nur möglich war, weil er auch mit dem ihm unsympathischen Mitschüler ruhig und friedlich diskutiert und gemeinsam eine Lösung für ein Problem gefunden hat, wird auch in Zukunft eher geneigt sein, friedlich zu diskutieren. Um Schülerinnen und Schülern wirkliche Erfolgserlebnisse zu ermöglichen, solltest Du Folgendes beachten:

- Differenzierung, Differenzierung und nochmals Differenzierung. Sind die Leistungsanforderungen für einen Schüler zu gering, wird der Erfolg als Selbstverständlichkeit, nicht jedoch als etwas zu Schätzendes angesehen. Sind die Anforderungen zu hoch, wird der Schüler scheitern.
- Das Lösen einer mathematischen Gleichung mag auf dem Papier ein Erfolg sein, als Erziehungsmaßnahme für Schülerinnen und Schüler ist dies jedoch zu wenig. Hier sollte sich der Erfolg bei größeren, für den Schüler bedeutsameren Dingen einstellen. Deshalb sind an dieser Stelle Projekte, Arbeitsgemeinschaften und Ähnliches besonders wichtig. Erfolgserlebnisse sind dann bedeutsam, wenn die Schülerinnen und Schüler spüren, wie ihre Anstrengungen und ihr Durchhaltevermögen sich gelohnt haben; wenn das Ergebnis für sie und für andere wirklich Bedeutung hat.

Diese Erziehungsmaßnahme hängt sehr eng mit dem pädagogischen Bezug und somit mit Deiner Beziehung zu Deinen Schülerinnen und Schülern zusammen. Nur wenn diese gut ist, wird es den Lernenden interessieren, dass Du an ihn glaubst und ihm vor der herausfordernden Aufgabe Mut zusprichst, nur wenn diese gut ist, wird ihn Dein Trost interessieren, falls er doch scheitern sollte.

Auch die Effektivität gegenwirkender Erziehungsmaßnahmen – die Bezeichnung ‚negative Erziehungsmaßnahmen‘ ist insofern nicht wirklich passend, als

Du auch beispielsweise mit Strafen etwas Positives erreichen möchtest, nämlich eine Verbesserung des Schülerverhaltens – kannst du nutzen. Prinzipiell stehen Dir folgende Maßnahmen zur Verfügung:

Gerade bei den Maßnahmen *Ermahnung* und *Schimpfen*, aber auch bei Drohungen wird deutlich, weshalb Deine Beziehung zu den Schülerinnen und Schülern und Dein Standing so enorm wichtig sind: Der Tadel einer Person, die ihm nahesteht und der er positiv gegenübersteht, wird einen Schüler sein Verhalten eher ändern lassen als der Tadel einer verhassten Person mit wenig Ansehen. Was Dein Standing und Deinen Ruf in einer Klasse oder Schule angeht, musst Du Dich nur an die eigene Schulzeit zurückerinnern. Sicherlich gäbe es dort wie in fast jedem Kollegium auch das ein oder andere „Weichei", das konstant Drohungen aussprach, nie aber nur eine davon umsetzte. Beachte unbedingt:

Tipp

Sprich niemals eine Drohung aus, die Du nicht umsetzen kannst!

Wenn Du jemals eine Drohung nicht in die Tat umsetzt, obwohl der Schüler oder die Schülerin das Fehlverhalten wieder gezeigt hat, wirst Du an Ansehen und Autorität verlieren und zukünftig nicht mehr ernst genommen werden.

Wie so oft war meine Zunge hier schneller als der Verstand und ohne groß nachzudenken hatte ich meinem Schüler angedroht: „Noch einmal und du fliegst! Dann kannst Du schauen, wo Du Dein Abi machst." In vollem Bewusstsein meiner Machtlosigkeit zückte er für alle sichtbar ein Päckchen Kaugummi, steckte sich einen in den Mund und begann anschließend, am Handy zu spielen.

Obwohl ich mir das natürlich nicht habe bieten lassen, konnte ich nichts anderes als einen Verweis aussprechen und ihn in Absprache mit der Schulleiterin für mehrere Wochen vom Unterricht ausschließen. Dass er anschließend natürlich in die Klasse zurückkehrte, um seinen Abschluss zu machen, stärkte meine Position in der Schule sicherlich nicht.

Ferdi O.

Tipp

...es sei denn – und dies gilt nur für Ausnahmefälle – Du suchst das offene Gespräch mit der ganzen Klasse und erklärst schlüssig, weshalb Du diesmal die Drohung ganz bewusst nicht konsequent umsetzt; gerne auch mit dem Eingeständnis, mit der ursprünglichen Drohung einen Fehler gemacht zu haben.

Dieses Dilemma dabei zeigt sich in folgendem Beispiel:

Schon beim Aussprechen der Drohung, wenn diese Stunde noch einer mit seinem Nachbarn quatschen würde, müsse die ganze Klasse schreiben, war mir bewusst, dass ich einen Fehler gemacht hatte. Ich hoffte inständig, dass der Unterricht ohne Störungen zu Ende gehen würde.

Leider dauerte es keine zwei Minuten und schon wieder quatschten zwei Schülerinnen miteinander. Selbstverständlich war der ganzen Klasse bewusst, jetzt müssen wir eigentlich alle schreiben.

An dieser Stelle unterbrach ich den Unterricht ging mit der Klasse hinter das Schulgebäude, setzte mich mit ihr im Kreis auf die Wiese und suchte das Gespräch. Ich erklärte ihnen, dass meine Drohung ein Fehler war und sie nicht schreiben müssten. Ich erklärte ihnen aber auch, weshalb ich diese Drohung ausgesprochen hatte. Ich war unglaublich sauer, weil ich mir bei der Unterrichtsvorbereitung viel Mühe gegeben hatte und die Unterrichtsstunde sehr wichtig für die Zukunft der Schüler war. Ich erklärte, dass meine Drohung ein Fehler war, da viele Schülerinnen und Schüler nicht gestört hatten, dass diese aber auch ein Recht darauf hatten, etwas zu lernen. Dass dieses Recht von den Störenfrieden mit Füßen getreten wurde.

In einem für mich erstaunlich offenen Gespräch taten selbst ruhige Schüler ihre Meinung kund und erklärten ihren Mitschülern, wie sehr sie sich von diesen Gesprächen gestört fühlten. Andererseits erklärten die ‚Störenfriede' offen ihre Beweggründe: Langeweile, fehlende Vorstellungen von der eigenen Zukunft, Versagensängste.

Obwohl ich den Unterricht an sich abgebrochen hatte, war dies dennoch eine der effizientesten Stunde überhaupt, da mein Unterricht in den Folgewochen deutlich störungsärmer verlief. Ich konnte selbst bei den Störenfrieden und schwierigen Schülern feststellen, wie unser Verhältnis sich gebessert hatte und diese sich bemühten, den Unterricht weniger zu stören.

Klaus G.

So richtig und empfehlenswert diese Vorgehensweise in dieser Situation auch gewesen ist, so schwierig kann sie für Dich sein: Von Schülern in einem offenen Gespräch zu erfahren, dass der eigene Unterricht langweiliger als der der Kollegen ist, kann verletzen. Von Versagensängsten und fehlenden Zukunftsvorstellungen zu hören, muss eigentlich der Startpunkt sein, sich – für einen Referendar leider sehr zeitaufwendig – mit diesen Schülern zusammenzusetzen und Lösungen zu suchen.

Bestrafungen kannst Du als Gegenstück zu Belohnungen ansehen. In der schulischen Realität sind diese leider nicht wegzudenken, obwohl Du Dir der vielfältigen negativen Begleiterscheinungen bewusst sein musst:

- Sie ändern – wenn überhaupt – nur das Verhalten des Schülers, nicht seine Einstellung.
- Sie wirken nur so lange Du anwesend ist – nicht, wenn der Schüler sich unbeaufsichtigt fühlt.
- Sie können Deine Beziehung zum bestraften Schüler schädigen.

Tipp

Erkundige Dich bei Deinen Kollegen, welche Strafen an Deiner Schule üblich sind und entscheide dann ganz bewusst, welche Du einsetzen möchtest und welche Deinen Wertvorstellungen oder Deinem Berufsethos entsprechen.

Suche zusätzlich zu jeder ausgesprochenen Bestrafung auch das Gespräch mit der Schülerin oder dem Schüler. Mache deutlich, weshalb Du strafst, und welches Verhalten Du in Zukunft erwartest.

Bei der Erziehungsmaßnahme *Wiedergutmachung* geht es darum, ein geschehenes Unrecht wiedergutzumachen. Dabei gibst Du dem Schüler oder der Schülerin die Gelegenheit, die Folgen ihres/seines Fehlverhaltens ungeschehen zu machen oder abzumildern. Je nach Situation kann hier eine Entschuldigung ausreichend sein oder aber materielle Schäden finanzielle Wiedergutmachung erfordern.

Der große Vorteil dieser Erziehungsmaßnahme ist, dass die Heranwachsenden lernen, Verantwortung für das eigenen Tun zu übernehmen.

Bei „bloßen" Entschuldigungen gilt es, wachsam zu sein. Ähnlich dem Fußballspieler, der seinem Gegenspieler auf Geheiß des Schiedsrichters die Hand schüttelt, ihn anschließend jedoch erneut heimtückisch foult, besteht die Gefahr, dass Entschuldigungen nur ausgesprochen werden, um die Lehrkraft zu besänftigen. Wirklich geklärt wird das Problem unter Umständen erst nach Unterrichtsende unter vier Augen ...

Finanzielle Wiedergutmachungen sind insofern heikel, als Du als Lehrkraft kein Geldeintreiber bist. Hat ein Schüler das T-Shirt des anderen zerrissen, legst nicht Du finanzielle Zahlungen fest. Theoretisch müssen hier die Erziehungsberechtigten einen Konsens finden oder eine gerichtliche Klärung anstrengen.

Neben den klassischen Erziehungsmaßnahmen wirst Du in der Schule sicherlich auch Ordnungsmaßnahmen einsetzen. Diese finden sich im Schulrecht und werden eingesetzt, um eine geordnete Unterrichts- und Erziehungsarbeit zu ermöglichen und Personen und Sachen zu schützen. Am bekanntesten dürften Mitteilungen und Verweise sein – aber neben anderen sind auch der Ausschluss aus einzelnen Fächern oder der ganzen Schule möglich. Hier wirst Du die wichtigsten Informationen im Ausbildungsseminar bekommen. Am besten liest Du Dich jedoch schon im Vorfeld in das Schulgesetz Deines Bundeslandes ein.

Eine wirklich umfangreiche Sammlung schulischer Disziplinprobleme und und dem Umgang damit findest Du in *Wollenweber, Kai Uwe: Disziplinprobleme im Schulalltag lösen: 66 Maßnahmen zur Bewältigung von Unterrichtsstörungen.*

Ohne Dir Angst machen zu wollen – sinnvoll ist es definitiv, Dich vorab über die rechtliche Seite von Erziehungs- und Ordnungsmaßnahmen zu informieren: *Böhm, Thomas: Erziehungs- und Ordnungsmaßnahmen in der Schule: Schulrechtlicher Leitfaden.*

Ausblick

Mit dem Studium dieses Survival Guides hast Du hoffentlich viele wertvolle Erkenntnisse gewonnen und fühlst Dich ein Stück sicherer im Referendariat. Den wichtigsten Ratschlag jedoch möchte ich Dir erst an dieser Stelle geben:

Behalte stets die Gründe vor Augen, aus denen Du Lehrerin oder Lehrer werden möchtest!

So lange Du nicht vergisst, dass Du junge Menschen unterrichten und erziehen, sie auf ihrem Lebensweg ein Stück begleiten und führen möchtest, wirst Du Widrigkeiten leichter ertragen. Führe Dir gerade in schwierigen Zeiten das Licht am Ende des Tunnels vor Augen; die Zeit, zu der Du eigenverantwortlich unterrichten wirst, ohne dass Seminarleitung oder Ausbildungslehrkraft Dir über die Schultern schauen.

An dieser Stelle bleibt mir nur noch der Hinweis auf ein Thema, das Du bislang unter Umständen vermisst hast, das ich jedoch ganz bewusst ausgespart habe: Die Lehrprobe!

Natürlich interessiert es Dich, wie es Dir gelingen kann, hier besonders gut abzuschneiden. Dies jedoch werde ich Dir nicht (noch einmal) sagen. Diesbezüglich nur zwei Hinweise:

1 Pass gerade zu Beginn des Vorbereitungsdienstes in Deinem Ausbildungsseminar gut auf. Hier wird man Euch aufzeigen, wie sich Eure Abschlussnote zusammensetzt. Dieses Wissen, verbunden mit der passenden Priorisierung kann Dir helfen, Deine Energie gezielt einzusetzen. Außerdem erfährst Du hier die Kriterien anhand derer Deine Lehrprobe bewertet wird. Berücksichtige diese bei Deiner Stundenplanung. Drastisch formuliert: Wenn ein Bewertungskriterium die gelungene Differenzierung ist, dann musst Du diese ganz bewusst durchdenken; wenn ein Bewertungskriterium das Tafelbild oder eine andere Form der schriftlichen Sicherung ist, dann musst Du Deine Handschrift an der Tafel eben üben, üben, üben …

2 Vielleicht hast Du Dich gewundert, dass ich einleitend betonte, Dir „nicht **noch einmal**“ Hinweise zur Lehrprobe geben zu wollen. Dabei ist dieses Stichwort bislang doch noch gar nicht gefallen! Ich behaupte, wenn Du diesen Survival Guide bewusst studierst und die Inhalte umsetzt, die für Dich in Deiner individuellen Situation relevant sind, wenn Du während Deiner Zeit im Vorbereitungsdienst Dein Bestes gibst, dann wirst Du Dich mit hoher Wahrscheinlichkeit automatisch zu einer Lehrkraft entwickeln, die in der Lehrprobe Beeindruckendes leistet!

In diesem Sinne bleibt mir an dieser Stelle nur noch, Dir Durchhaltevermögen, gute Nerven und nette Kolleginnen und Kollegen, vor allem aber viel Erfolg und

Vergnügen im wohl tollsten, abwechslungsreichsten, aber auch spannendsten und anstrengendsten Job der Welt zu wünschen.

Dein Günther Koch